LA LOI DU PARDON

Étude historique suivie de plusieurs articles parus dans les journaux judiciaires de 1879-80 et 81.

PAR

R. LAJOYE

AVOCAT A LA COUR D'APPEL

PARIS

A. DURAND ET PEDONE-LAURIEL, ÉDITEURS

Libraires de la Cour d'appel et de l'Ordre des avocats,

G. PEDONE-LAURIEL, Successeur

13, RUE SOUFFLOT, 13.

1882

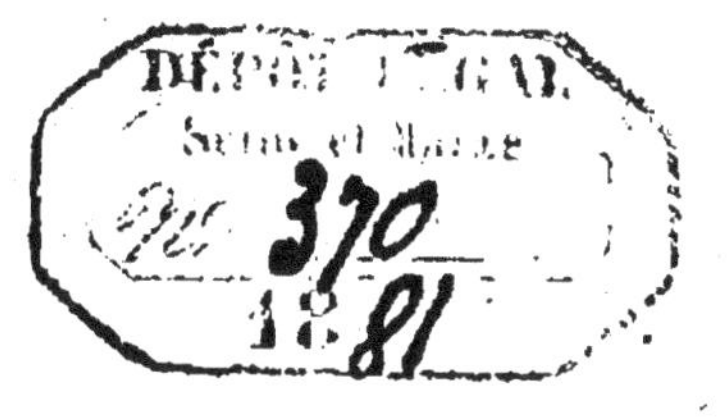

LA LOI DU PARDON

DU MEME AUTEUR :

ÉTUDES SUR LE CODE PÉNAL. — 1re *Partie* : 1° De la moralisation des condamnés ; — 2° De la préméditation dans le parricide et dans l'infanticide ; — 3° Le sursis et le pardon en Angleterre ; — 4° De la récidive. — 2e *Partie* : 1° Du jury correctionnel ; — 2° De la vente du gibier en temps prohibé ; — 3° Les conseils de guerre ; — 4° Le duel ; — 5° De la recherche de la paternité. — 3e *Partie* : L'Ordonnance criminelle de 1670............... 1 vol.

L'ÉDUCATION CORRECTIONNELLE EN ANGLETERRE, AUX ÉTATS-UNIS ET EN FRANCE.................... 1 vol.

Fontainebleau. — M. E. Bourges, imp. breveté.

LA LOI DU PARDON

Étude historique suivie de plusieurs articles parus dans les journaux judiciaires de 1879-80 et 81.

PAR

R. LAJOYE

AVOCAT A LA COUR D'APPEL

PARIS

A. DURAND ET PEDONE-LAURIEL, ÉDITEURS

Libraires de la Cour d'appel et de l'Ordre des avocats,

G. PEDONE-LAURIEL, Successeur

13, RUE SOUFFLOT, 13.

1882

PRÉFACE

(Cet article, paru dans le journal La Loi *le 28 juillet 1881, me servira de préface.)*

« Les lois sont trop sévères ! » Telle était l'opinion exprimée dernièrement par un avocat général au sujet des acquittements si nombreux que prononcent aujourd'hui les jurys. Et ce magistrat avait raison.

Il faut que les lois d'un pays se modifient avec les mœurs de ses habitants et qu'elles s'adoucissent à mesure que les progrès de la civilisation se répandent dans une nation. Or il n'est pas contestable, si ce n'est pour quelques esprits chagrins, que la France est actuellement en voie de progression et que le niveau de l'intelligence tend à s'élever tous les jours vers des sphères plus hautes. Ce ne sont pas seulement la science et l'industrie qui fournissent des preuves de cette marche ascensionnelle, c'est encore l'ensemble des études philosophiques et morales qui se développe sans cesse.

On commence à comprendre que la moralisation n'est pas un vain mot, et les théories de Beccaria ne sont plus considérées comme les rêves d'un philanthrope exagéré.

A mesure que la civilisation élève une nation, les mœurs deviennent plus douces et par suite les peines doivent diminuer de sévérité, car le niveau moral montant tous les jours, des responsabilités qui pouvaient échapper à des esprits grossiers apparaissent évidentes à des intelligences plus éclairées : nous voyons ainsi les jurés se refuser à prononcer des condamnations parce que, suivant leur conscience, la loi n'a pas suffisamment tenu compte des mobiles qui avaient pu conduire l'accusé à commettre l'acte blâmable qui lui est reproché et qu'elle a négligé de mettre dans la balance certaines responsabilités qui pour eux sont une atténuation certaine. Ainsi peut-on expliquer ces acquittements dans les crimes commis par des femmes séduites. La mère tue son enfant, l'amante cherche à défigurer celui qui l'a trompée, et elles viennent toutes deux avouer hautement leur crime : le jury *pardonne* (car c'est la vraie signification de ces acquittements), parce que, si ces femmes sont coupables, il y a des complices qui devraient être à côté d'elles, et que le père dénaturé, le séducteur déloyal, se trouvent à l'abri des poursuites, protégés qu'ils sont par la loi elle-même.

Est-ce à dire pour cela qu'il faille modifier les lois de manière à pouvoir poursuivre la séduction et la paternité naturelle? Nous ne le pensons pas, pour la seule raison que ces lois ne seraient pas pratiques. Rien ne serait plus délicat que de constater la réalité des faits, et, sans entrer dans des détails qui ne seraient pas ici à leur place, on peut cependant laisser comprendre que, sauf dans les cas d'enlèvement prévus par la loi, il serait bien difficile d'approcher de la vérité, même de loin, dans les autres accusations, et qu'on donnerait ainsi libre cours à des procès de chantage qui sémeraient le désordre dans les familles.

Nous ne demandons donc pas que la recherche de la paternité et les poursuites pour séduction soient autorisées, mais nous voudrions une diminution dans l'échelle des peines, de manière à faire disparaître ces désaccords qui ne peuvent que nuire au respect dû à la justice.

N'oublions pas qu'à une époque déjà éloignée, c'était en 1832, il y eut une semblable révolte de la part des jurés : comme aujourd'hui les acquittements se succédaient dans les affaires les moins contestables, et les accusés avouant leur crime étaient mis en liberté.

Que pouvaient faire nos législateurs en présence de cette coalition persévérante? Ils comprirent que la lutte n'était pas possible et ils s'inclinèrent devant l'opinion publique en créant l'article 463 du Code pénal qui permet au jury d'accorder les circonstances atténuantes.

C'était un grand pas vers la modération, et les jurés s'emparèrent avidement de cette nouvelle arme, qu'ils surent utiliser sans aller jusqu'à l'abus pendant une longue période.

Il n'en est plus de même aujourd'hui et les verdicts d'acquittement se succèdent de nouveau comme si une entente générale régnait parmi tous les jurys de France.

Nos législateurs suivront-ils l'exemple de leurs prédécesseurs ou essayeront-ils de lutter? Il leur faudra céder, nous pouvons leur faire cette prédiction sans nous compromettre; ils céderont parce que c'est la volonté du pays et que cette volonté s'appuie sur des principes d'équité qu'il serait difficile de renverser.

Il est certain que nos lois actuelles ne se sont pas améliorées sensiblement depuis 1832. En voulez-vous un exemple?

Voici l'infanticide : que la femme ait commis

ce crime dans les conditions les plus atroces ou qu'elle arrive devant ses juges escortée des circonstances les plus atténuantes, la question de préméditation ne peut pas être soumise aux jurés, et la peine varie entre la mort et cinq ans de travaux forcés.

Aussi les verdicts sont-ils des verdicts d'acquittement, si la moindre circonstance favorable peut être invoquée en faveur de l'accusée.

On pourrait citer d'autres articles du Code pénal, ce que nous ne ferons pas pour ne pas prolonger la discussion; mais toutes les fois qu'il se rencontre un acquittement comme ceux-là, soyez persuadés que le jury s'est arrêté devant la disproportion qui existait entre la culpabilité et la peine, et qu'il a préféré alors accorder le pardon.

Ce mot de *pardon* paraît bien étrange, et les criminalistes pourraient s'étonner de l'entendre invoquer dans une question de droit pénal, s'ils ne savaient pas mieux que nous que ce mot n'est pas nouveau dans nos institutions législatives; mais il a disparu de nos codes actuels et il y a si longtemps que l'usage du pardon a été effacé qu'on peut, au premier moment, avoir un instant d'hésitation.

Le *pardon* a existé de tout temps chez les peuples anciens; il existait encore avant 1789 en France; il existe à l'heure actuelle chez un peuple voisin : les Anglais ont conservé cette loi, qu'ils nous avaient empruntée autrefois, et ils s'en servent encore tous les jours. Nous avons traité cette question en 1877 dans nos *Études sur le Code pénal,* et nous la reproduirons prochainement dans une nouvelle étude sur la loi du pardon chez les peuples de l'antiquité et du moyen âge.

Contentons-nous aujourd'hui de constater que cette loi, qui s'appuie sur les principes les plus élevés de la morale, a toujours été appliquée chez tous les peuples et que la révolution de 1789 a seule pu la faire disparaître de notre législation.

Cette suppression était nécessaire, il faut le reconnaître, parce que, dans les derniers temps de la monarchie, elle était devenue une source d'abus. Mais actuellement, les esprits se sont calmés, l'orage est passé, et l'avenir est plein de promesses. Pourquoi ne pas faire un retour vers le passé et ne pas lui emprunter ce qu'il a pu laisser d'utile?

Tous les siècles qui nous ont précédé ne se sont pas succédé sans léguer quelqu'enseignement bon à suivre pour ceux qui devaient venir après eux : il nous faut donc faire des recherches patientes et profiter de l'expérience de nos ancêtres.

Ce pouvoir de pardonner qui, des mains de la victime, comme autrefois, est passé ensuite dans celles du clergé, pour être remis enfin au roi, pouvons-nous, sans crainte, le confier à nos jurés? Y a-t-il là un intérêt social?

Nous sommes convaincu que si la loi du pardon était adoptée en France, la société gagnerait à cette innovation plus encore que les accusés.

En effet, tout le monde sera d'accord pour reconnaître que l'impunité assurée par les jurys est d'un effet déplorable, et que, plus la loi perdra de force vis-à-vis des coupables, plus les crimes deviendront nombreux.

Ce mépris de la loi est dû incontestablement aux acquittements dont nous venons de parler : il faudrait donc arriver à les supprimer. Mais quelle est la marche à suivre pour obtenir ce résultat ?

Nous ne voyons qu'une seule ligne véritablement praticable, c'est la loi du pardon.

Que pourront répondre les jurés au raisonnement suivant : « Vous trouvez la loi trop sévère vis-à-vis de l'accusé, et vous l'acquittez malgré ses aveux : pardonnez-lui, et votre conscience sera satisfaite ! »

C'est jouer sur les mots, dira-t-on. — Nullement, car il ne faut pas oublier un point important, c'est que le verdict de pardon, c'est la constatation du fait. Par ce pardon, il est acquis que l'accusé était coupable, et par suite, non seulement les poursuites en dommages et intérêts deviendront plus faciles devant les tribunaux, mais il sera permis à la justice, si l'accusé reparaît une seconde fois devant elle, de lui dire comme le magistrat anglais : « Vous avez obtenu votre pardon une première fois, et vous êtes retombé dans la mauvaise voie : vous êtes donc doublement coupable ! » Et, comme la loi anglaise, la loi française frappera ce récidiviste des peines prévues en cas de récidive.

En résumé, au point de vue pratique, la loi du pardon permet au jury de fermer les yeux sur une première faute, mais elle donne à la justice le droit de frapper sévèrement le récidiviste.

Tels sont, en quelques mots, les principaux avantages que nous pouvons indiquer dans le rétablissement de la loi du pardon, et nous sommes persuadé que nous ne resterons pas seul à remettre en lumière cette vieille idée française que les Anglais ont su conserver à l'abri des injures du temps.

LA LOI DU PARDON

..... Il serait aisé de prouver que dans tous ou presque tous les États d'Europe, les peines ont diminué ou augmenté à mesure qu'on s'est plus approché ou plus éloigné de la liberté.....

(MONTESQUIEU, *Esprit des Lois*, liv. V, ch. IX.)

..... C'est un grand ressort des gouvernements modérés, que les lettres de grâce. Ce pouvoir que le prince a de pardonner, exécuté avec sagesse, peut avoir d'admirables effets. Le principe du gouvernement despotique, qui ne pardonne pas, et à qui on ne pardonne jamais, le prive de ces avantages.....

(*Idem*, ch. XVI.)

§ 1er.

C'est une loi pratique.

Cette étude est dédiée aux hommes du monde qui s'occupent de moralisation. — La loi du pardon peut paraître tout d'abord étrange. — Elle est née cependant avec le monde. — Elle est pratique, c'est-à-dire raisonnable et urgente. — Elle est une arme contre la récidive.

C'est encore aux hommes du monde que

s'adresse cette nouvelle étude, à ceux-là qui donnent une partie de leur temps pour nous venir en aide dans les recherches de moralisation.

Un premier travail sur la loi du pardon avait paru en 1877 : c'était un jalon planté pour un avenir que je croyais lointain : je me trompais.

Des personnes m'inspirant toute confiance m'ont engagé à ne pas abandonner cette idée; mes confrères du Palais auxquels je communiquais mes craintes et mes hésitations, n'ont pas partagé ma défiance, et, pour la plupart, approuvent mon programme et me conseillent de le publier.

J'obéis, et je ferai tous mes efforts pour ne pas abuser de la patience du lecteur et ne pas le condamner à une lecture fastidieuse; mais, il est difficile de traiter semblables sujets sur un ton attrayant.

Il faudra donc beaucoup d'indulgence pour l'auteur et aussi beaucoup de bonne volonté pour un projet de loi qu'on ne doit pas rejeter sans l'avoir au moins étudié un instant.

Je reconnais que la loi du pardon peut de prime abord paraître une théorie étrange et digne d'un esprit rêveur : demander à la société de pardonner au lieu de punir, à l'heure actuelle où le nombre des récidives augmente tous les jours, n'est-ce pas là une proposition déraisonnable?

Ce sera peut-être l'avis de celui qui ne voudra pas réfléchir et nous condamnera de parti pris, mais pour ceux qui ont suivi le progrès des questions pénitentiaires, ce principe humanitaire sera moins ridicule, quand ils auront parcouru ces quelques pages et qu'ils se seront souvenus que la loi du pardon est née avec le monde, que ses traces se retrouvent dans toutes les législations anciennes et modernes, enfin que tous les fondateurs de religions et de peuples ont inscrit ce principe en tête de leurs institutions.

On ne niera pas alors que la loi du pardon

ne soit digne d'une étude approfondie et qu'elle ait droit de prendre place dans la législation d'un peuple qui doit rester à la tête du monde civilisé.

N'oublions pas surtout qu'il n'y a pas là seulement une théorie élevée à défendre, mais qu'au point de vue pratique le pardon produira rapidement les effets les plus salutaires en améliorant les natures vicieuses et en diminuant le nombre des crimes.

Dans toutes les questions philanthropiques, il y a un point qu'on ne doit pas perdre de vue : il ne suffit pas de présenter une idée comme pouvant adoucir le sort de telle ou telle classe de la société, il faut encore que cette idée puisse être mise à exécution dans des conditions raisonnables.

Il est facile de faire miroiter aux yeux des malheureux les plus belles espérances et de se donner une certaine renommée en promettant monts et merveilles : il est plus difficile de tenir ses promesses.

Combien de fois, dans les questions de socialisme par exemple, des hommes, qui pouvaient être de bonne foi, ont-ils prêché les plus belles théories! Mais ils ont toujours été incapables d'établir les premières fondations de leur système lorsqu'ils se sont trouvés assez puissants pour agir.

Pour qu'une idée soit pratique, il ne suffit pas qu'elle soit belle, il faut qu'elle soit raisonnable, avons-nous dit : il faut aussi qu'elle arrive en temps utile.

Or, actuellement, les lois pénales sont complètes au point de vue de la répression : je veux dire que l'échelle des peines est graduée de telle sorte qu'avec nos mœurs adoucies il n'est plus possible d'élever la sévérité du châtiment, et les législateurs luttent déjà difficilement pour maintenir le code pénal tel qu'il est.

Cette ligne de défense est-elle suffisante pour protéger la société contre l'armée du mal?

Non ; le nombre des crimes augmente tous les jours, et cependant les criminels deviennent moins nombreux : je l'ai déjà écrit ailleurs[1] et je le répète en m'appuyant sur le rapport que fit M. Bérenger lors de l'enquête de 1875 : « Sans la récidive, le mouvement de la criminalité décroîtrait depuis vingt ans en France au lieu de progresser, car le nombre des infractions commises par des inculpés sans antécédents judiciaires, depuis 1855, va en diminuant..... C'est donc la récidive qui fait l'augmentation de la criminalité..... »

Voilà en effet la source du mal, la récidive. Un homme commet une faute : il est condamné malgré son repentir. Cet homme est perdu s'il tombe dans la prison commune et il devient un récidiviste incurable, ce qui ne serait peut-être pas arrivé s'il avait trouvé un pardon généreux à sa première défaillance.

Revenons maintenant au principe émis plus haut : la loi du pardon est-elle pratique, c'est-à-dire, raisonnable et opportune ?

1. *Études sur le code pénal.* — De la récidive.

Raisonnable, je ne serai pas contredit sur ce point, sans doute. Le pardon est une partie essentielle de notre nature, et, individuellement, nous sommes portés à pardonner.

Opportune, la loi du pardon l'est nécessairement, puisque les lois actuelles sont impuissantes à réprimer le mal.

C'est une nécessité fatale, et, pour me faire comprendre plus facilement, je prendrai un exemple à la portée de tout le monde.

Voici un enfant d'un caractère indocile : son père le punit sévèrement : l'enfant persiste ; les punitions se succèdent ; enfin l'autorité paternelle est complètement méconnue et l'enfant chassé de sa famille tombe dans la mauvaise voie.

La sévérité a produit un résultat déplorable.

Sur qui tombera la responsabilité? Est-ce entièrement sur l'enfant? Je ne le pense pas. Il était opportun, avant d'agir avec sévérité, d'avoir recours à la douceur. Une nature rebelle peut être domptée par l'indulgence quelquefois : il fallait tenter un effort de ce côté avant d'employer les moyens extrêmes.

Il en est de même pour la société aujourd'hui : le principe des lois pénales, *c'est le châtiment dès la première faute.*

L'expérience prouve que l'application de ce principe est mauvaise : il est donc opportun de recourir à un nouveau système; en l'essayant on ne peut pas nuire au premier, puisque celui-ci est une arme usée.

Avant de désespérer et de se jeter dans la violence, il faut au moins chercher si toutes les ressources sont épuisées et si, par exemple, l'expérience des autres peuples ne peut pas nous venir en aide.

Ces recherches, nous les ferons aussi rapidement que le comporte le plan de cette étude, et c'est après avoir examiné (ou plutôt indiqué) successivement les principales législations sur la loi du pardon que nous pourrons arriver à décider s'il faut nous en tenir au régime actuel malgré sa faiblesse ou s'il n'est pas possible de le modifier dans le sens indiqué.

---

§ 2.

Les verdicts des jurés.

La loi du pardon est imposée par les verdicts des jurys. — Puissance des jurés.— Insouciance de la Société vis-à-vis des enfants abandonnés. — Cent mille enfants abandonnés par an. — La récidive dans les crimes est aujourd'hui de 50 pour cent. — Utilité du pardon pour régler les verdicts des jurés.

Mais, avant de faire cette excursion dans l'histoire, examinons la question à un autre point de vue pour établir d'une manière indiscutable que le code pénal demande des réformes urgentes et que la loi du pardon s'impose, pour ainsi dire, par la propre volonté d'une certaine classe de nos magistrats ; je veux parler des jurés de cours d'assises.

Le jury, cette institution si vivement critiquée aujourd'hui, a existé de tout temps sous des formes différentes et elle est pour un pays la preuve de sa vitalité.

Le jury, dans son indépendance, indique aux législateurs quelles sont les réformes à introduire dans les codes ; il oppose aux lenteurs des réformateurs sa constance absolue et les force à s'incliner devant l'opinion publique.

Nous en avons eu un exemple frappant en 1832 par l'introduction dans le code pénal des circonstances atténuantes.

Depuis la première République les mœurs s'étaient modifiées, et cependant la sévérité des lois pénales était restée la même. De tous côtés on réclamait des adoucissements dans l'application des peines, et les législateurs restaient sourds à cet appel généreux.

Que firent les jurés? Ils formèrent une ligue générale, et, bien qu'il n'y eût aucune réelle entente parmi tous ces magistrats temporaires, les verdicts d'acquittement se succédèrent sans relâche devant les cours d'assises. Il fallut bien céder, et l'article 463 fut ajouté au code pénal.

L'ordre se rétablit et nos législateurs respirèrent.

Mais bientôt de nouveaux reproches purent être adressés aux jurés : ils retombaient dans le péché d'indulgence.

On crut bien faire en ayant recours à un autre procédé : la formation des listes de jurés fut remaniée à différentes reprises : en changeant les hommes, on crut changer les idées; c'était une erreur, et la persistance des nouveaux jurés à pencher vers la miséricorde fut absolument la même que celle de leurs prédécesseurs.

Aujourd'hui la position s'est aggravée, si j'écoute les doléances du ministère public. Les acquittements augmentent et les aveux les plus complets d'un accusé n'empêchent pas le jury de le déclarer non coupable.

C'est un scandale! — Eh oui! c'est un scandale! Mais à qui la faute?

Faut-il faire ici retomber toute la responsabilité sur le coupable? La société, comme le père de famille dont je parlais au chapitre précédent, n'a-t-elle aucun reproche à se faire?

En vérité, les hommes qui connaissent ces questions sourient quand ils entendent les exclamations et les colères de la vindicte publique!

La société n'a aucun reproche à se faire? Quels sont donc les sacrifices qui lui permettent de répondre aussi fièrement?

Et nous qui, par notre profession, pouvons connaître les faiblesses du cœur comme les médecins connaissent les maladies du corps, nous lui répondons bien haut: C'est toi, société, qui es la première coupable, parce que tu ne fais rien pour la classe malheureuse! Prenez l'enfant abandonné et voyez ce qu'il devient. Si quelque société charitable, par son initiative privée, ne vient pas à son aide, si l'Assistance publique est à court d'argent ou si les règlements ne lui permettent pas d'adopter ce pauvre petit être, quel est le sort qui l'attend?

Abandonné à lui-même dès la plus tendre enfance, cet enfant qui était né peut-être pour devenir un aussi bon citoyen que ses contemporains élevés dans l'aisance, cet enfant est considéré comme une bête malfaisante : il est traqué partout où il cherche un refuge, il est poursuivi dans ses dernières retraites et la société, grande dans sa générosité, lui accorde, une fois qu'il est son prisonnier, une place dans les maisons de correction d'où il sort perverti et prêt à entrer en lutte ouverte contre la marâtre qui n'a su lui donner que le pain noir de la prison pour nourriture du corps, que l'ignorance pour nourriture de l'intelligence!

Je ne suppose pas qu'on m'accuse ici de faire des phrases creuses, et cela pour le plaisir de noircir du papier.

Deux chiffres bien connus seront ma réponse.

D'après les derniers documents officiels, le total des enfants abandonnés est annuellement de cent mille, et la récidive dans les crimes arrive à la moyenne respectable de cinquante pour cent[1] : les chiffres ont quelquefois leur valeur et ici je crois que cette valeur a son importance.

Ainsi, tous les ans, la société abandonne d'un cœur léger, cent mille de ses enfants et elle s'étonne ensuite que le nombre des crimes augmente sans relâche?

Elle s'étonne encore, lorsqu'un de ces malheureux abandonnés comparaît devant une cour d'assises, que les jurés se laissent toucher au récit des aventures de l'accusé et qu'ils ne craignent pas, lorsque le coupable s'écrie : « C'est vrai, j'ai été criminel, mais c'est la nécessité qui m'a rendu criminel ! Pardonnez-

1. Des 3,338 accusés condamnés en 1879 par les cours d'assises, 1,710 ou 50 °/₀ avaient déjà eu à répondre de précédents méfaits. La proportion n'avait été que de 49 °/₀ en 1878, de 48 °/₀ en 1877 et de 47 °/₀ en 1876. Il y a vingt ans, elle n'excédait pas 35 °/₀, et c'est par une graduation régulière qu'elle est arrivée au chiffre considérable de 1879. (*Compte général de l'administration de la justice criminelle pendant l'année 1879.*)

moi, je me repens! » elle s'étonne, dis-je, que les jurés se laissent apitoyer et qu'ils acquittent, c'est-à-dire qu'ils pardonnent!

Je comprendrai cette révolte de la société le jour où, recueillant l'enfant abandonné, elle l'élèvera comme l'enfant fortuné; je comprendrai ces cris d'indignation le jour où l'enfant devenu homme manquera à son devoir quand il avait en lui tout ce qui était nécessaire pour travailler, mais autant de temps la société restera inflexible devant la misère, autant de temps les jurés auront raison de pardonner.

Mais, comme en toute chose il faut une règle pour que l'ordre règne dans une nation florissante, il est utile que l'élan des jurys se trouve dirigé dans une juste mesure.

Tel est le but de la loi du pardon.

Cette loi permettra au jury de faire à chacun sa part égale de responsabilité : elle ne punira pas le coupable, soit parce que la société n'aura pas fait pour lui ce qu'elle devait faire, soit parce que le repentir de l'accusé le rendra digne d'intérêt, mais elle lui donnera un avertissement qui aura pour l'avenir une toute autre portée que l'acquittement : car cet homme saura que, si on lui accorde son pardon une première fois, il sera doublement coupable s'il tombe de nouveau dans la mauvaise voie, et il ne lui faudra pas oublier qu'en cas de récidive il sera frappé comme un récidiviste.

C'est ce qui a lieu en Angleterre, et nos voisins ne se plaignent pas de cette loi qu'ils appliquent tous les jours.

Ainsi, non seulement la théorie du pardon est humaine et en rapport avec nos mœurs ; mais elle est urgente puisque nos lois sont actuellement impuissantes, et elle est pratique parce qu'elle donne tout à la fois, et au coupable le moyen de se réhabiliter, et à la société une arme puissante pour se défendre si le repentir de l'homme pardonné n'a pas été sincère.

Enfin, elle fait disparaître ces verdicts d'acquittement qui ne peuvent que déconsidérer les institutions conduisant à de semblables interprétations de la loi.

Nous pouvons maintenant passer successivement en revue les documents que nous donne l'Histoire sur la loi du pardon.

---

§ 3.

Les temps anciens.

L'histoire du droit criminel par M. du Boys. — Trois espèces de pouvoir dans l'État. — Autorité des patriarches et des rois aux temps héroïques. — Les Hébreux. — Les Égyptiens. — La Grèce. — Rome. — Les peuples slaves. — Le Goël chez les Persans et les Juifs. — David appliquant la loi du pardon. — Les lois de Manou.

Je ne fatiguerai pas le lecteur par des longues lectures qui ne seraient pas ici à leur place, et je ne ferai pas montre d'une érudition que je n'ai malheureusement pas. Je me contenterai de citer quelques passages recueillis un peu partout, mais principalement, pour ce qui regarde les temps anciens, dans l'*Histoire du droit criminel des peuples anciens,* par M. Albert du Boys, ancien magistrat.

Les grands ouvrages, comme celui-là, qui demandent tant de travail et tant de science, sont pour nous d'une grande utilité, et nous trouvons là les ressources qui nous permettent de propager les idées de moralisation, cet objet de l'attention persistante des Sociétés des prisons, de patronages et d'orphelinats. Sans le secours des savants, il faut l'avouer, nos arguments seraient bien pauvres; aussi en prenons-nous à notre aise pour mettre leurs livres au pillage.

Je sais d'avance qu'eux aussi ils nous pardonneront!

Ceci dit, jetons un coup d'œil sur les temps primitifs; ce sera très court.

« On distingue, suivant M. du Boys, trois espèces de pouvoir dans l'État : le pouvoir domestique, le pouvoir civil et le pouvoir religieux.

» Au temps de la naissance des sociétés, ces trois pouvoirs se trouvaient réunis dans la même main, celle du patriarche. Le patriarche était à la fois père, roi et pontife.

» Les attributions de juge étaient une dépendance de ces autorités sacrées.

» Le tribunal d'un seul homme, qui siégeait au foyer domestique, avait son genre de solennité et de grandeur. Jamais sentence de mort, rendue dans le plus sombre appareil d'une audience, n'eût d'effet semblable à celui que produisait alors l'anathème sorti de la bouche d'un père; et la malédiction de Cham, prononcée par Noë, il y a plus de quatre mille ans, retentira de siècle en siècle jusqu'à la dernière postérité... »

Mais, si le pouvoir de punir rentrait dans les attributions des patriarches et des rois des temps héroïques, il faut remarquer que cette omnipotence était contrebalancée par les prérogatives du pouvoir religieux également dans les mains des rois.

Ils punissaient comme juges, mais, souvent aussi, ils pardonnaient comme pontifes.

« ... Si comme juge le roi infligeait au criminel endurci des châtiments proportionnés à son forfait, comme pontife il faisait rémission de tout ou partie de la peine au criminel repentant, au moyen de cérémonies religieuses et de supplications solennelles, qui avaient pour but de satisfaire et d'apaiser la colère divine... »

On peut donc dire avec raison que la loi du pardon est née avec le monde.

Dans ce temps où la vengeance privée agissait souvent sans attendre les décisions du pouvoir supérieur, nous trouvons encore un exemple de la théorie du pardon appliquée dans une large mesure : le meurtrier, qui n'avait pu obtenir son pardon des parents de la victime, soit par ses prières, soit par une indemnité pécuniaire, et qui restait ainsi sous le coup du droit de vengeance, pouvait, s'il gagnait un pays étranger, obtenir son pardon en s'adressant au roi de cette nation.

« ... Le coupable qui pouvait échapper aux poursuites dirigées contre lui dans son propre pays se réfugiait dans quelque contrée lointaine. Là, à l'abri des menaces et de ces supplices qui provoquent une fierté rebelle au lieu de repentir, l'exilé venait en suppliant au pied de l'autel sacré où le roi du pays offrait au ciel pour son peuple la victime sans tache. Il se jetait au pied du pontife couronné, en lui présentant son malheur et ses remords comme des droits à l'hospitalité et des titres de protection ; puis il faisait l'aveu de sa faute dans la confusion de son cœur. Alors le ministre du Dieu de miséricorde accomplissait pour l'étranger inconnu le sacrifice expiatoire, et au moyen de rites religieux consacrés par la tradition antique, il achevait de le purifier entièrement de ses souillures.

» Telles étaient les formes mystiques et élevées sous lesquelles se présentait la justice criminelle aux temps des Melchisédech, des Deucalion et des Orphée... »

Laissons de côté, si vous le voulez, ces solennités qui sont d'un autre temps et qui étaient faites pour impressionner des masses ignorantes et barbares, mais retenons cependant le principe qui domine toutes ces institutions anciennes, la théorie de la miséricorde, le pardon.

Plus tard, lorsque la vengeance privée fit place petit à petit à la vengeance sociale, d'abord chez les Égyptiens, ensuite chez les Hébreux, le pouvoir put se modifier, mais le principe de miséricorde n'est pas abandonné.

Dans le *Deutéronome*, xxv, 3, il est permis, par une disposition formelle de la loi, soit aux parents de l'assassiné, soit aux juges de l'accusé, d'admettre les coupables à se racheter de leurs crimes.

Mais Moïse enlève aux particuliers le droit de se venger eux-mêmes : il ne permet plus au *Goël*, ou vengeur du sang, que de poursuivre judiciairement le criminel au lieu d'exercer lui-même le droit de vengeance.

En Grèce, non pas à Lacédémone où les lois de Lycurgue sacrifiaient tout à l'État, mais à

Thèbes, à Athènes, nous retrouvons encore la loi du pardon.

M. du Boys cite dans les lois attiques, au livre VII, un passage de Démosthènes où il est dit qu'il était loisible à la famille du mort, si elle était unanime sur ce point, d'abandonner la poursuite du meurtrier et de lui accorder son pardon.

A Rome, si pendant longtemps la vengeance privée semble avoir la préférence, là encore il est loisible au coupable de se racheter et souvent même d'échapper à la vengeance des parents de la victime en ayant recours aux expiations religieuses.

Enfin, dans la Rome chrétienne, la sévérité est la règle dans les premiers âges, mais on trouve encore le principe du pardon.

« ... Plus on remonte vers les premiers temps, plus on trouve de sévérité dans les canons. Il semble que l'on prit à tâche de lutter avec plus de force contre les vices et les habitudes de la vie païenne, en donnant de plus éclatantes sanctions aux règles de l'Évangile qui les proscrivaient. Dans les premiers siècles de l'Église, on n'accordait qu'une seule fois pour les péchés graves la pénitence publique et la réconciliation solennelle : « La pénitence » n'est accordée qu'une fois aux serviteurs de » Dieu », dit Hermas, disciple de saint Paul. »

Un mot sur les peuples slaves et nous en aurons fini avec la période ancienne.

Parmi eux, M. du Boys cite les Polonais dont les lois ont conservé la trace des vieilles législations : Nous lisons dans les statuts de la Petite Pologne : « *Judex, prout poterit, amicabiliter secum componere teneatur* (Statuta minoris Poloniæ, au titre de *Kava*, peine) ». Or la réconciliation opérée par le juge, la composition réglée au moyen de son intervention, tout cela suppose un droit persistant de vengeance que cette organisation nouvelle est destinée à combattre. D'après ces statuts, la peine n'est autre chose que la satisfaction due par l'offenseur à l'offensé : c'est bien là le caractère de transition entre la vengeance privée et la vengeance sociale. Si l'offensé ou sa famille n'acceptait pas les propositions du coupable, celui-ci s'adressait au magistrat, lui avouait sa faute et se déclarait prêt à subir la peine ou l'humiliation, *kava*. Sous les auspices de ce magistrat, il cherchait par son humble hommage, *pokora*, à obtenir son pardon, et, au moyen de certaines formules et d'une cérémonie publique où il devait manifester son humiliation et son repentir, ce pardon ne pouvait lui être refusé[1]... »

A l'autorité de M. du Boys vient se joindre celle de M. J.-J. Thonissen, membre de l'Académie royale de Belgique.

Examinant la question de savoir si le *Goël* ou vengeance du sang a été admise jusqu'au dix-neuvième siècle par les Persans, les Circassiens, les Abyssiniens et plusieurs populations

1. Cette citation de M. du Boys est tirée d'une lettre de M. Lelowel, savant historien polonais.

musulmanes de l'Inde, comme le prétendent certains savants, entre autres Michaëlis, Warnecros, de Wette et Rosenmüller, il parle incidemment de la loi du pardon.

« ... On pourrait dire, en thèse générale, que cette opinion se rencontre nécessairement chez tous les peuples où les passions sont ardentes et où les institutions judiciaires ont conservé les formes de la civilisation primitive. Aussi bien que les peuples de l'Asie, les races occidentales ont longtemps connu ce régime. Chez les Grecs, au temps d'Homère, les parents du mort tiraient vengeance du meurtre, et leur pardon mettait l'assassin à l'abri de toute poursuite. Ajax, blâmant l'humeur altière d'Achille, prononce ces remarquables paroles : « Héros sans miséricorde! n'accepte-t-on pas la rançon du meurtre d'un frère et même d'un fils? Le meurtrier ne reste-t-il pas parmi le peuple lorsque son ennemi consent à calmer son âme en recevant une riche rançon? (*Iliade*, IX, v 633, 37)... »

M. Thonissen constate encore que chez les Juifs, si la vengeance du sang était également exercée, elle se trouvait tempérée par l'autorité royale : « Un fragment du deuxième livre de Samuel atteste à l'évidence qu'un ordre du souverain suffisait pour arrêter le bras du Goël prêt à frapper sa victime. Une femme de Tékoah dit à David : « O Roi! aide-moi. Je suis une femme veuve, et mon mari est mort. Votre servante avait deux fils qui se sont querellés dans les champs, et il n'y avait personne pour les séparer : l'un a frappé l'autre et l'a tué. Et voici que toute la famille se soulève contre votre servante en disant : Donne-nous celui qui a frappé son frère, afin que nous le mettions à mort, à cause de la vie de son frère qu'il a tué. Ils veulent ainsi éteindre le charbon vif qui m'est resté, afin qu'ils ne laissent point de nom à mon mari, et qu'ils me privent de tout soutien sur la terre ». David lui répond : « Va-t-en en ta maison, et je donnerai mes ordres en ta faveur... Aussi vrai que l'Éternel est vivant, pas un cheveu ne sera arraché de la tête de ton fils. (Samuel, XIV, 1, 11)... »

Dans l'Inde, où les populations tremblaient devant les lois sévères de Manou, M. Thonissen signale une trace miséricordieuse : « La simple réprimande est recommandée au roi comme le premier degré de châtiment... »

Est-il maintenant utile de prolonger les citations pour prouver que la loi du pardon a existé dans les nations primitives. Je ne le pense pas. Les autorités derrière lesquelles je me suis abrité ont suffisamment établi la vérité du fait et nous pouvons passer aussi rapidement à l'étude de législations moins anciennes.

§ 4.

Les Germains, les Musulmans, etc.

Le Wergeld chez les Germains. — La Siaelf-daemi en Scandinavie. — Anecdote sur l'Écosse. — Lois d'Islande. — La Dié chez les Musulmans. — La loi du pardon chez les Peaux-Rouges.

On a vu que le droit de vengeance privée, plus ou moins mitigé par les lois qui se succédèrent, existait chez la plupart des peuples anciens, mais que ce droit était tempéré par le pouvoir qui se trouvait dans les mains de la victime et de sa famille de pardonner ou d'accepter une compensation pécuniaire.

Nous retrouverons le même droit dans les nations plus modernes : il porte un nom différent suivant les pays; ses effets ne sont pas toujours les mêmes, mais le principe est maintenu : tantôt c'est la famille, tantôt c'est le prince qui peut, avec l'assentiment de la famille, comme en Espagne, accorder le pardon ; mais, que ce pouvoir appartienne aux uns ou aux autres, il persiste jusqu'aux temps les plus proches de notre époque et il a fallu la civilisation moderne pour faire disparaître la loi du pardon, sous prétexte que la société, ayant pris aujourd'hui la place de la famille, n'avait pas le droit de pardonner.

« ... Plus tard, dit M. du Boys, le pouvoir social réussira à se substituer à l'offensé ou à la famille qui poursuit la vengeance : mais ce sera à la condition de prendre fait et cause, en quelque sorte, contre l'auteur du meurtre, de lui faire une guerre judiciaire à outrance et de satisfaire le sang versé par une nouvelle effusion, ou tout au moins de bannir le criminel loin de son pays par une irrémissible proscription. De là peut-être ce mot de *vindicte sociale*, qui a été conservé par les traditions de notre magistrature, et contre lequel réclame, non sans raison, la philanthropie de nos jours... »

Chez les Germains, le meurtrier peut se racheter par le *Wergeld,* mais, à côté de cette composition, apparaissent les droits de la justice sociale : car, si le Wergeld efface le crime vis-à-vis de la famille, le coupable, pour se libérer vis-à-vis de la société, doit payer le *fredum* ou amende.

Voici un passage qui démontrera combien ces peuples, malgré leur barbarie, avait l'instinct de la générosité.

« ... La vengeance était un devoir placé sous la protection de la famille. Mais elle-même, représentée par ses chefs, approuvait quelquefois qu'on y dérogeât dans des circonstances exceptionnelles. Dans le chant de l'Edda, intitulé Grottasaungr, le chant de la Grotte, on loue beaucoup celui qui a dédaigné la vengeance contre le meurtrier de son père, parce qu'il l'a trouvé lié et garotté. »

Voulez-vous un autre exemple?

« Thorstein le Blanc avait un fils unique qui fut tué par vengeance. L'auteur de ce meurtre fit offrir au malheureux père une indemnité en argent. Voici comment Thorstein repoussa cette proposition : « Je ne veux pas, dit-il, porter » mon fils mort dans ma bourse ». Quelque temps après, le meurtrier vint se mettre à la discrétion du noble vieillard qui lui fit grâce de la vie.

C'est un exemple, ajoute M. du Boys, entre beaucoup d'autres que l'on pourrait citer, de ce qui était appelé en Scandinavie la *Siaelf-daemi*.

« Dans ce genre de solution donnée à des querelles de famille, le coupable prenait pour juge la partie offensée et acceptait sa décision, si sévère qu'elle fut. C'était là, suivant les idées du temps, la plus grande marque d'honneur qu'il pût donner à un ennemi, et celui-ci répondait souvent à cet acte d'abandon et de confiance par la magnanimité et le pardon... »

Rapprochant les mœurs écossaises des mœurs

scandinaves, M. du Boys fait remarquer qu'on trouve encore là les souvenirs de la Siaelf-daemi.

Je ne puis m'empêcher d'indiquer ce passage parce qu'il a son intérêt :

« ... On retrouve plus tard, en Écosse, non pas le nom de Siaelf-daemi, mais la chose : on serait en droit de conclure que les Celtes ont connu cet usage aussi bien que les Germains, comme aussi on pourrait dire qu'il y a été apporté par les Danois... »

Et le savant historien cite un trait tiré de l'Histoire d'Écosse (par Walter Scott) : le récit n'est pas à l'avantage de la femme qu'il met en scène, mais il prouve que, si le droit de pardon n'était pas toujours exercé, il n'en existait pas moins en Écosse :

« On rapporte que le laird de Mac-Tutosk, voulant désarmer la colère du marquis de Huntly contre son clan, vint dans le château de ce dernier en demandant que lui seul fut puni. La marquise de Huntly était seule au château :

ayant parlé bas à la femme qui la suivait, elle répondit au chef suppliant : « Mac-Tutosk, » vous avez si profondément offensé notre fa- » mille, qu'elle ne vous pardonnerait pas avant » que vous eussiez placé votre tête sur le bil- » lot. — Je me soumettrai même à cette hu- » miliation », répondit Mac-Tutosk. Il s'agenouilla devant le billot qui servait à tuer les bœufs et les moutons pour la consommation des gens et des hôtes du château ; il y posa son cou en signe de soumission. Alors l'inexorable marquise fit un signe au cuisinier qui d'un coup de hache trancha la tête du jeune laird. Cela se passait sous Jacques VI. Cette perfidie aurait été déshonorante chez les Scandinaves. »

Les documents abondent pour me venir en aide et je n'ose plus m'en servir de peur d'abuser. Il est difficile cependant de ne pas dire encore un mot des Slaves, ce peuple où l'autorité des prêtres s'exerçait aussi bien pour dicter la paix et la guerre que pour rétablir l'ordre parmi les familles. Là encore l'offensé, sur l'ordre du prêtre, sentait fléchir sa colère et il pardonnait à son ennemi : « Il lui tendait la main droite, et lui remettait, en signe d'amitié et de reconciliation solennelle, une touffe de ses cheveux et une poignée d'herbes (Karamsin, *Histoire de Russie*) ».

M. du Boys note encore l'établissement de la paix intérieure (*Manh'delgi*, inviolabilité de sa personne) chez les Scandinaves et ces lois d'Islande qui avaient statué « que si le meurtrier, en se faisant assister de témoins, avait demandé la paix avant le troisième jour écoulé depuis le meurtre, soit au fils, soit au petit-fils de la victime, ceux-ci ne devaient plus lui refuser une paix ainsi demandée d'une manière légale. Ainsi s'expriment la loi de l'Islande et les Gragas ». (Il est vrai que c'était une trève plutôt qu'une paix totale.)

Parmi tous ces peuples, la loi du pardon existe donc : il en est de même dans le reste du monde.

Chez les Musulmans, l'offensé ou ses représentants (les Aâcibs) ont plein pouvoir pour pardonner, mais le « pardon implique la renonciation au *Dié* (*Dié* ou *Dia*, prix du sang, a en arabe à peu près la même signification que le mot *Wergeld* en vieil allemand) ». De plus réparation est due à la société et le magistrat peut condamner le meurtrier à recevoir cent coups de courroie et à être emprisonné pendant une année.

Ajoutons, pour être complet, que le *Kécâs* (vengeance du sang), le *Talion* et la *Dia* ont été supprimés par le code Moulteka, refondu en 1824, et par le code pénal de 1840.

Nous disions que l'on retrouve partout les traces de la loi du pardon; nous terminerons ce chapitre en rappelant que, d'après les mémoires de l'Anglais John Tanner, cité par M. du Boys, la Siaelf-daemi, qui permet à l'offensé de pardonner lorsque son ennemi s'est remis entre ses mains, existait dans les coutumes en usage même chez les Peaux-Rouges.

En résumé, de même que les institutions des

peuples primititifs portent en elles la preuve irrécusable que la loi du pardon était une loi universelle, de même les monuments que nous ont laissés les peuples d'origine moins ancienne viennent confirmer ce témoignage, avec la seule différence que le pouvoir social tend à remplacer le pouvoir des familles à mesure que l'on avance vers les temps modernes.

Mais, chose singulière, plus les familles se rapprochent de l'État en lui confiant leurs intérêts, plus le mandat devient restrictif, de sorte que cette confiance dans l'État, qui semblerait être une preuve de civilisation, arrive à un résultat contraire au point de vue de l'adoucissement des mœurs : les peuples barbares savaient pardonner, les nations modernes ne connaîtront plus que le châtiment.

§ 5.

La Gaule. — Charlemagne.

Le droit de grâce. — La loi salique, les lois des Ripuaires et des Burgondes. — Clovis. — Les Visigoths. — Charlemagne. — Anecdotes sur Louis XI.

Il ne faudrait pas conclure, en lisant les dernières lignes du chapitre précédent, que je blâme les tentatives du pouvoir qui cherche à supprimer la vengeance privée et à la remplacer par la protection des lois confiées aux magistrats.

Loin de moi cette pensée ! Je constatais uniquement que le mandat confié à la société était enfermé dans des limites qui devraient s'étendre à mesure que la civilisation augmente et que c'est le contraire qui aura lieu à mesure que nous nous rapprocherons de notre époque.

Jusqu'à la fin du dix-huitième siècle nous pourrons encore voir le pouvoir royal, luttant contre les seigneurs, ramener lentement entre ses mains tous ces droits autrefois divisés entre tous, mais si la justice publique remplace insensiblement la justice privée, le roi et les magistrats n'abolissent pas certaines attributions qui appartenaient aux familles et s'en servent par eux-mêmes : c'est ainsi que la loi du pardon, loin d'être supprimée, se trouve reproduite dans les institutions du moyen âge et des siècles derniers : il faudra la civilisation de notre époque pour effacer le pardon.

On ne trouve, il est vrai, « nulle trace du droit de grâce proprement dit dans les lois barbares, telles que la loi salique, la loi des Ripuaires et la loi des Burgondes, mais, comme le fait remarquer justement M. du Boys, il ne faudrait pas conclure du silence de la loi salique et ripuaire que le droit de grâce lui ait été totalement inconnu. Les lois barbares étaient nécessairement incomplètes, et leurs omissions étaient suppléées par la *coutume*, par ce qui a été appelé plus tard, en Angleterre, *the commounwealth...* »

Et, à l'appui de sa thèse, M. du Boys nous fournit de nombreux exemples du droit de grâce mis en usage par les rois mérovingiens.

C'est Clovis qui pardonne à Eulogius, coupable du crime de lèse-majesté, à la prière de saint Rémi ; c'est Chilpéric qui rend la liberté à des prisonniers pour célébrer la naissance de son fils, ainsi que le rapporte Grégoire de Tours.

« Au surplus, d'après le même Grégoire de Tours, les comtes eux-mêmes avaient eu le droit de grâce : « Vers l'an 560, saint Eparchius re-
» proche à un comte de ne pas avoir gracié un
» criminel... »

» Il paraîtrait pourtant que les comtes n'avaient pas ce même droit au temps de Grégoire de Tours; car cet historien a l'air de trouver exorbitant un tel pouvoir remis aux mains de ces magistrats, et, en remarquant combien il est extraordinaire qu'ils en aient joui dans le passé, il fait supposer qu'ils ont cessé de l'exercer au moment où il écrit. »

Chez les Wisigoths, la loi de grâce a laissé des traces plus profondes, parce que ce peuple avait fait des emprunts plus nombreux aux lois romaines.

En effet, le droit de grâce est réglé à Rome par Trajan et Alexandre Sévère, et plus tard par Constantin, Théodose et Justinien. « C'est à l'influence du christianisme que cette institution doit son perfectionnement et sa dernière empreinte, ajoute M. du Boys. Le droit de grâce se divisait en deux grandes branches : l'*abolitio generalis* et l'*indulgentia principis*. L'*abolitio* est définie par un jurisconsulte célèbre : « La destruction, l'oubli ou l'extinction d'une accusation (PAUL, *Sent.*, v, 17). »

Nous arrivons à Charlemagne : ce prince qui gouvernait des peuples, pleins d'ardeur pour le christianisme qu'ils venaient d'embrasser depuis peu de temps, comprit qu'il aurait un puissant allié dans l'Église : aussi, tout en maintenant le droit de grâce et en se conservant le pouvoir d'adoucir les peines, il sut habilement laisser au clergé la haute main dans les questions de pardon, principalement chez les Saxons.

« Ainsi, la violation de l'abstinence ou de jeûne pendant le Carême était un crime puni de mort, mais que le Saxon, menacé du supplice, prouvât par le témoignage d'un prêtre, qu'il avait été dans la nécessité de manger de la viande (*Capitul.*, an 789, art. 2, *Sed consideretur a sacerdote ne forte causa necessitatis hoc cuilibet proveniat ut carnem concedat*), et la puissance séculière ne pouvait plus lui infliger aucune peine. »

M. du Boys cite encore, dans les *Capitulaires*, le droit de grâce accordé au Saxon baptisé qui a enterré ses parents suivant le rite païen mais qui est venu avouer sa faute à un prêtre.

De même pour le criminel qui se réfugiait dans une église : il devait se présenter au *placité* prochain, « mais on ne pouvait plus verser le sang de celui sur qui l'Église avait étendu son bras tutélaire ».

Cette politique si sage de Charlemagne va bientôt s'affaiblir après sa mort : les seigneurs, ne sentant plus le bras redoutable de l'empereur pour les contenir, reprennent la lutte avec ses successeurs.

Le droit de grâce qui appartenait aux seigneurs, au moins vis-à-vis des personnes d'une classe inférieure (droit consacré par un édit de 595), avait disparu, comme nous l'avons vu, avec Charlemagne : après lui les seigneurs reprennent leur pouvoir « et aux onzième et douzième siècles, on le trouve entre les mains des hauts seigneurs qui jouissaient des droits régaliens (Brussel, *De l'usage des fiefs*). En 1285, le tuteur de Jeanne de Champagne, qui n'était autre qu'Édouard d'Angleterre, fait grâce à la femme d'un certain chevalier appelé Gilon

Fuiret, et lui accorda la remise de la confiscation des biens de ce dernier, quoiqu'il fut encore vivant et que ce fut contre la coutume ». (Du Boys.)

Citons encore, en passant, quelques exemples de l'application des lois du pardon, et, laissant de côté ces longues luttes entre le pouvoir royal et la féodalité, nous arriverons aux dernières lois qui gouvernaient la France lorsque naquit la Révolution.

Voici plusieurs récits tirés de l'Histoire du roi Louis XI (autrement dicte la Chronique scandaleuse escrite par un greffier de l'Hôtel de Ville de Paris, imprimée sur le vray original, MDCXX).

Dans ces récits naïfs que je copie en entier parce qu'ils ont une certaine originalité, nous trouverons le droit du pardon exercé par le roi à cette époque de transition où l'ordonnance déjà parue de mars 1356, puis celles qui devaient suivre en août 1539, janvier 1571, mai

1579 et 1679[1] allaient définitivement assurer le droit pour le roi seul de faire grâce.

La première anecdote nous montre Louis XI allant à Saint-Denis en pèlerinage : il est à pied, accompagné de quelques seigneurs.

« ... Le mardy en suivant vingt et deuxiesme jour de septembre audit an quatre cens soixante sept (1467) le Roy partit de Paris après disner pour aler à pié iusque à Sainct-Denis en France, et avait avecques luy aussi à pié mon dit seigneur d'Enreulx, monsieur de Crussol, Philippe Luillier et autres.

» Et entre Paris et Sainct-Denis le Roy alant à son pèlerinaige trouva trois ribaulx qui luy vindrent requerir grâce et remission de ce que tout leur temps ils avaient été larrons, meurdriers et espieurs de chemins, laquelle chose le Roy leur accorda beniguemèt... »

C'est encore en l'honneur de saint Denis qu'il ouvre un peu plus tard les prisons du

1. Ces dates me sont fournies par M. Demaze, dans son ouvrage sur les pénalités anciennes.

Châtelet : « ... Et puis après s'en tira à Paris où il ne séjourna guère, et y estoit le jour de la feste Sainct-Denys. A la révérence duquel sainct il délivra tous les prisonniers estans en ses prisons de Chastellet de Paris... »

D'autres fois, ce roi, qui ne passait pas cependant pour être tendre, accorde des grâces en l'honneur d'événements heureux ou de visites de princes étrangers :

« ... Au mois de Iung ensuivant (1483) le lundy second jour dudit mois, environ cinq heures du soir, fist son entrée en la ville de Paris madame la Dauphine, accompaignée de madame de Beaujeu, madame l'Amirale et aultres dames et gentils femmes... Et pour honneur de sa dicte venue furent mis hors et délivrez tous prisonniers de ladicte ville de Paris... »

« ... Et auparavant (avant le 27 juin 1468) le Roy envoya à Paris le prince de Piémont, fils du duc de Savoye pour bouter le feu en grève. Et si mist en la dicte ville de Paris les prisonniès à délivrance, qui estoient en Parlement, en Chastellet et aultres prisons... »

J'ai réservé, pour terminer ces citations, une dernière anecdote qui a un cachet particulier. Elle nous montre Louis XI accordant la grâce, mais sous condition, et la condition était presque aussi dure que la condamnation elle-même : le condamné devait se soumettre à une opération chirurgicale qui pouvait le tuer ; mais, comme il était condamné à la potence, le malheureux préféra encore tenter l'aventure, ce qui, du reste, lui réussit.

Il ne faut pas oublier que ce mode de faire grâce n'est pas une exception dans l'histoire. Sans remonter bien haut, nous trouvons la grâce accordée sous des conditions aussi dangereuses. Avant les derniers perfectionnements apportés dans le lancement des navires, n'était-ce pas un condamné à mort qui risquait sa vie pour abattre la dernière cheville retenant le navire sur le chantier?

Voici l'anecdocte : « ... Au dit mois de janvier quatre cens soixante et quatorze (1474), advint que ung franc archier de Meudon, près Paris, estoit prisonnier ès prisons de Chastellet, pour occasion de plusieurs larrecins qu'il avait faictes en divers lieux, et mesmement en l'église de Saint-Meudô. Et pour lesdits cas et comme sacrilège fut condemné à estre pendu et estranglé au gibet de Paris, nommé Montfaulcon, dont il appela en la Court de Parlement, où il fut mené pour discuter de son appel : par laqūelle Court et par son arrest fut ledit franc archier déclairé avoir mal appelé et bien iugié par le prévost de Paris, par devers lequel fut renvoyé pour exécuter la sentence. Et ce mesme jour fut remonstré au Roy par les médecins et cirurgiens de ladite ville que plusieurs et diverses personnes estaient fort travaillez et molestez de la pierre, colicque, passion et maladie de costé, dont pareillement avoit été fort molesté ledit franc archier. Et aussi desdictes maladies estait fort malade monsieur du Bocaige, et qu'il serait fort requis de veoir les lieux ou les dites maladies sont concréés dedens les corps humains, laquelle chose ne povait mieulx estre sceüe que inciser le corps d'un homme vivant, ce qui pouvoit bien estre fait en la personne d'icelluy franc archier, que aussi bien estoit prest de souffrir mort, laquelle ouverture et incision fut faicte au corps dudit franc archier, et dedans icelluy quis (cherché) et regardé le lieu desdictes maladies. Et après qu'ils eurent esté veuës fut recousu, et ses entrailles remises dedens. Et fut par l'ordonnance du Roy fait très bien penser, et tellement que dedens quinze jours après, il fut bien guery, et eut rémission de ses cas sans despens, et si (aussi) luy fut donné avecques ce argent... »

§ 6.

Dernières lois françaises sur le pardon : elles sont conservées par les Anglais.

Louis XII. — François Ier. — Procédure des lettres d'abolition. — Les grands seigneurs savent l'éviter : exemple, le duc de Vendôme. — Louis XIV, Louis XV, Louis XVI. — 1789. — Les lois actuelles du pardon en Angleterre.

Si l'on s'arrête un instant dans cette rapide excursion au milieu de tous les âges de l'histoire, et que l'on regarde en arrière, on peut se rendre compte des progrès qui se sont succédés lentement dans la législation criminelle.

A la vengeance personnelle a succédé la vengeance publique; le pouvoir de pardonner est passé des mains des chefs de famille dans celles des prêtres et ensuite des rois.

A l'époque qui nous occupe en ce moment, au quinzième siècle, la puissance royale s'affermit de plus en plus et nous pouvons dire que, jusqu'à la révolution, le droit de grâce n'appartiendra plus qu'au roi.

Il ne faudrait pas cependant être trop affirmatif. Légalement c'était bien le roi qui avait seul le droit de pardonner, mais en réalité la tradition s'était maintenue dans les familles, et on retrouve de ces sortes de traités de paix, qui rappellent le Wergeld et la Siaelf-daemi, dans des actes du siècle dernier.

J'ai sous les yeux un acte authentique passé devant un notaire de Melun le 25 octobre 1772 : dans cet acte il est question de différents arrangements de famille et on y trouve le paragraphe suivant qui est un véritable pardon accordé à l'une des parties sous condition de fournir une indemnité pécuniaire :

« ..... Lesquelles parties ont dit qu'après avoir consulté leurs parents et amis communs, et voulant rétablir la paix et la concorde dans leur famille, envisageant qu'il n'est rien de plus triste que leur position respective, et que la mort dudit E... C... arrivée le vingt-cinq aoust dernier qui paraît avoir été occasionnée par un coup de bûche qui lui a été lancée par ledit A... C... son frère, dans une rixe survenue entre eux le dix-sept du même mois, est un accident, à la vérité très affligeant, mais *pardonnable* puisqu'on y entrevoit qu'un mouvement de vivacité de la part dudit A... C..., et d'ailleurs lesdites parties considérant qu'il y aurait de l'inhumanité et de l'indécence d'implorer le bras vengeur de la justice pour faire statuer entre parents sur les dommages et intérêts civils résultant d'un pareil malheur, sont convenues entre elles, pour éviter tout l'éclat et le scandale en pareil cas d'une discussion judiciaire, de ce qui suit . . . .

Au moyen de quoy..... ladite veuve E... C... tant pour elle que pour ses deux enfants mineurs se désiste de toutes actions qu'ils auraient pu intenter en justice, etc..... »

Le procureur du roi, au Châtelet de Melun, voulut poursuivre, mais l'affaire fut abandonnée, la veuve ayant déclaré « qu'elle n'entendait suivre la voie extraordinaire. »

Ces pactes de famille étaient des exceptions.

Dans le Traité de justice criminelle de France par Jousse, conseiller au Présidial d'Orléans (1771), les faits qu'il rapporte établissent d'une manière certaine que le droit de grâce était devenu la prérogative royale : il cite entre autres cette phrase de Farinacius : « Il n'y a que le souverain seul qui puisse donner des lettres de grâce. » Et il ajoute : « Les princes du sang ne jouissent pas de ce droit, même pour raison de crimes commis dans l'étendue des terres, principautés et domaines qu'ils tiennent du roi à titre d'apanage ou d'engagement. »

A l'appui de son affirmation, il nous montre le roi François Ier « ayant accordé à sa mère le privilège de donner des lettres de grâce dans le duché d'Anjou, et renonçant à ce droit, parce qu'il avait appris que le parlement de Paris avait délibéré de faire ses remontrances au roi à ce sujet. » (Édit de 1580).

De même Louis XII, en mars 1498, avait rendu une ordonnance pour s'opposer à l'usurpation des seigneurs qui voulaient conserver le pouvoir de donner des lettres de grâce, de pardon et de rémission.

Le pouvoir royal est donc parvenu à ses fins, et c'est ainsi que l'on trouve dans les ordonnances dont nous avons parlé plus haut, et également dans celle de 1670, un chapitre consacré spécialement aux grâces, pardons et rémissions.

Nous n'entrerons pas dans le détail de ces lois qui ont fait l'objet d'une étude précédente[1]; il suffira de constater que le droit de grâce, copié en grande partie sur les lois romaines, avait une toute autre importance que celle qui lui a été donnée dans les codes modernes, chez lesquels la grâce peut effacer la peine, mais

1. *Études sur le Code pénal :* l'Ordonn. de 1670.

doit être précédée d'un jugement qu'elle laisse subsister. (Je ne parle pas de l'amnistie qui est une mesure spéciale et n'a qu'un rapport très éloigné avec le pardon accordé individuellement.)

Non seulement le roi pouvait avec ou sans l'aide du parlement (on sait quelle valeur avaient souvent les remontrances!) gracier et remettre la peine, mais il avait le droit d'arrêter toute espèce de poursuites, en un mot, de pardonner avant le jugement.

Certaines formalités étaient exigées, par exemple pour faire entériner les lettres d'abolition, formalités humiliantes, parce qu'il fallait se présenter devant le parlement tête nue et à genoux, avouer sa faute et reconnaître que rien n'avait été caché dans cet aveu.

Mais, si ces formalités étaient exigées en principe, lorsqu'elles s'adressaient à un grand seigneur, celui-ci obtenait souvent la suppression de la cérémonie comme il avait obtenu son pardon.

Le *Mercure français,* invoqué par Jousse, en fournit une preuve assez curieuse, puisque l'on voit, non seulement le coupable ne pas se présenter devant le tribunal, mais une députation de magistrats aller lui porter elle-même les lettres d'abolition.

« En 1626, M. le duc de Vendôme étant au château de Vincennes et ayant obtenu des lettres d'abolition au mois de février 1627 pour entreprises par lui faites contre le roi et son autorité, le roi donna une commission en date du 4 janvier 1629, adressée à MM. Lejai et de Bellièvre, présidents, Deslandes et Bouchet, conseillers au parlement, pour faire ce qui serait nécessaire en exécution desdites lettres d'abolition. En conséquence, ces commissaires se transportèrent munis de l'ordonnance de la cour, du 12 mars 1629, au château de Vincennes, et ayant fait lecture audit sieur duc de Vendôme des lettres d'abolition et de la déclaration qu'il avait envoyée au roi, qui était attachée dans le contre-scel desdites lettres, ledit sieur duc avoua que le contenu de cette déclaration contenait vérité, et requit l'entérinement desdites lettres d'abolition, qui furent entérinées par la cour le 23 mars 1629, pour jouir par M. le duc de Vendôme, du contenu auxdites lettres selon leur forme et teneur..... »

Avec Louis XIV et Louis XV les abus ne pouvaient pas diminuer : ce fut le régime du bon plaisir, et le sourire d'une madame de Maintenon ou d'une Pompadour suffisait pour obtenir des lettres de pardon, de même que leur colère conduisait directement à la Bastille avec une lettre de cachet.

Louis XVI, malgré toute sa bonne volonté, n'était pas capable de réprimer ces excès ; la vieille société s'effondrait d'elle-même, et un monarque énergique n'aurait retardé que de quelques instants cette chute imminente.

Lorsque la révolution arriva comme un torrent, balayant tout devant elle, les anciennes institutions s'écroulèrent les unes après les autres : tout était à refaire.

Ce n'est pas que les nouveaux législateurs aient négligé de se servir de l'expérience de leurs prédécesseurs : alliant aux idées nouvelles ce qu'ils trouvèrent d'utile dans l'ancienne législation, ils créèrent de nouvelles lois qui étaient plus d'accord avec l'esprit du jour, mais, dans cette entreprise considérable, ils laissèrent de côté les lois qui avaient dégénéré à la fin de la monarchie, sans se préoccuper de l'utilité qu'elles pourraient avoir en les réédifiant sur des bases meilleures : la loi du pardon, spécialement, leur apparut comme un abus de pouvoir : ils l'effacèrent en oubliant que cette loi n'était devenue mauvaise que parce qu'on avait abusé d'elle.

D'un trait de plume la jeune Révolution faisait scission complète avec l'histoire entière et nous en sommes encore là à l'heure actuelle.

Les Anglais n'ont pas suivi notre exemple : par leurs propres traditions et par celles qui leur venaient de France, ils avaient la loi du pardon et ils ont sû la conserver, non pas, si vous le voulez, dans des termes aussi précis, mais avec les mêmes résultats.

Il est certain que ce n'est pas le pardon proprement dit; mais, pour certains crimes, le coupable peut obtenir sa grâce du prince avant la condamnation, de même que pour les délits le magistrat a le droit, non pas de pardonner, mais de surseoir à son jugement, et cela pendant un temps illimité; de sorte que, si le prévenu repentant obtient le sursis, ce sursis restera sur sa tête comme une menace qui ne recevra son exécution que s'il commet un nouveau délit.

C'est alors que le magistrat anglais le punira, d'abord en prononçant le premier jugement, et ensuite en le frappant pour le second délit.

Le sursis est donc un véritable pardon, et il ne peut avoir qu'un effet salutaire s'il est accordé à un homme réellement disposé à se corriger[1].

1. Le sursis et le pardon en Angleterre. (*Études sur le Code pénal.*)

Voilà le principe que je voudrais voir admettre par nos législateurs, sauf à modifier la procédure conformément à nos usages.

---

§ 7.

Conclusion.

Reste à savoir si je serai écouté.

Le monde, notre monde d'aujourd'hui, ne veut pas comprendre qu'il y a deux systèmes à suivre pour ramener un coupable dans la bonne voie : d'un côté, la douceur, de l'autre côté, la force, et qu'il serait cent fois plus raisonnable d'essayer de la douceur avant d'employer la force.

Et cependant, parmi nos législateurs, il y a des pères de familles : je parlais au début de cette étude de l'éducation paternelle; il en est de même pour la direction de la société. Le père sait pardonner : pourquoi la société n'agirait-elle pas de même?

D'autant plus qu'il y a là un intérêt général que personne ne veut voir.

On accuse les criminalistes de tomber dans une philanthropie exagérée et de gémir sur le sort des malfaiteurs plutôt que de venir en aide aux honnêtes gens.

C'est une erreur que je ne cesserai de combattre : Beccaria, pas plus que ceux qui ont suivi ses traces, n'ont eu en vue la protection du vice au détriment de l'honnêteté.

Ils ont fait un seul raisonnement qui n'est pas difficile à comprendre : le degré de sécurité publique est en rapport opposé avec le nombre des crimes; plus les criminels seront nombreux, moins la tranquillité publique sera assurée. Il faut donc arriver à élever le niveau moral pour diminuer le nombre des coupables et amoindrir les effets du mal.

Est-ce par la force que nous obtiendrons la moralisation?

Quelquefois peut-être, mais c'est l'exception. La peur du châtiment peut dompter une nature inculte pendant un certain temps, mais, une fois la première frayeur passée, le naturel reprend le dessus et l'homme fait une nouvelle chute. Puis, rapidement, ce sentiment de peur vient à s'émousser; il est bientôt éteint, et le coupable en arrive à railler la justice jusque dans ses châtiments les plus sévères, si ce n'est la peine de mort peut-être!

La société devient alors impuissante, il faut bien le reconnaître, et, de tous côtés vous entendez demander la transportation comme une panacée universelle!

La transportation! mais les criminalistes, pour la plupart, sont ses plus chauds partisans : ils demandent même la transportation à vie (la seule qui puisse donner des résultats utiles); ils demandent la transportation, à une condition toutefois, c'est que tous les moyens de moralisation auront été mis en usage avant d'avoir recours à cette peine extrême.

Vous ne pouvez pas, de sang-froid, frapper un homme d'un exil perpétuel avant d'avoir essayé de le ramener au bien. Non seulement la peine est terrible, mais, pour peu que vous étendiez un tel système, vous arriverez à dépeupler le pays !

Il faut donc réfléchir sérieusement avant de prononcer cette peine.

Or je prétends que la société n'a pas le droit de transporter l'un des siens si elle n'a pas auparavant tout fait pour le moraliser.

Je le disais tout à l'heure et je le répète : la société ne fait rien dans ce but et c'est elle la première coupable.

Il y a cependant un progrès, il faut le reconnaître. On ne pense plus aujourd'hui comme il y a dix ans. Depuis 1871, le cours des idées s'est modifié et nous commençons à comprendre en France ce qui est une vérité indiscutable pour les Anglais, les Américains, les Hollandais et tant d'autres peuples : c'est que le premier devoir pour une nation consiste à élever ses enfants, pauvres ou riches.

Depuis 1871, les sociétés de propagande

pour recueillir les abandonnés, pour patronner les libérés, ont relevé la tête; leur voix n'est plus étouffée par une main autoritaire, et sous le gouvernement de la République, on ne craint pas de voir l'instruction se répandre dans le peuple.

J'ai un exemple à ma portée et je suis heureux de le citer.

Un honorable magistrat, M. Bonjean, a créé une école industrielle pour les enfants abandonnés ou coupables : la colonie, soutenue par les propres deniers de son fondateur, devint si rapidement florissante que la place ne tarda pas à manquer pour recevoir les nouvelles recrues.

M. Bonjean fit un appel à la charité privée, il n'y a pas un an : aujourd'hui le nombre des succursales construites par les souscriptions s'élève au chiffre respectable de *huit*. Voilà encore un chiffre qui a son éloquence.

Eh bien! il ne faut pas que les enfants qui sortiront de ces écoles trouvent en face d'eux des lois impitoyables comme celles qui nous régissent actuellement : il ne faut pas que ces enfants qui ont reçu un éducation morale soient désespérés dès leur première faute! Ils peuvent avoir une défaillance, c'est dans la nature humaine.

Ce qui est absolument nécessaire pour compléter ce régime nouveau d'éducation populaire, c'est que l'homme qui commettra une faute sache que tout n'est pas perdu pour lui et que, s'il se repent, il lui sera pardonné.

En vérité je plaide là une cause qui n'a pas besoin d'avocat : elle se défend si bien d'elle-même qu'elle est déjà gagnée devant les jurys.

Rappelez-vous les verdicts d'acquittement dont j'ai parlé : n'est-ce pas le pardon appliqué dans toute sa force?

Nos jurés sont donc convaincus; quant à nos magistrats, les lois ne leur permettent pas de se laisser convaincre : réglons alors notre législation de telle sorte que les élans du juré se trouvent calmés par une juste règle et que la générosité des magistrats ne vienne pas se heurter contre des lois d'un autre temps.

Rétablissons la loi du pardon dans nos codes; mais, à côté des mesures d'indulgence, n'oublions pas de placer l'arme de la répression pour frapper sans merci celui qui, par un repentir mensonger, se sera joué de la justice : d'un côté, le pardon pour le coupable repentant, de l'autre, les peines de la récidive et même la transportation à vie pour le criminel endurci!

Paris, 25 juin 1881.

II

LA MISE EN LIBERTÉ PROVISOIRE

UNE OMISSION DANS LA LOI DU 14 JUILLET 1865

La cour d'assises de Seine-et-Marne, dans une de ses dernières sessions, devait juger une affaire de faux. Le complice avait obtenu sa mise en liberté provisoire et se constituait prisonnier, dans les délais voulus, pour comparaître devant le jury. Par suite de l'indisposition d'un accusé, l'affaire fut remise à la prochaine session, c'est-à-dire à trois mois. Le complice sollicite aussitôt sa mise en liberté provisoire; mais le parquet repousse la demande. Le procureur de la République, reconnaissant lui-même que cet accusé avait été plus léger que coupable, ne craignait pas d'assurer au défenseur que l'accusation serait abandonnée vis-à-vis de son client, mais la loi était inexorable et ne permettait pas la mise en liberté provisoire dans de telles conditions. L'affaire fut appelée une seconde fois devant le jury et le complice fut acquitté : il avait fait trois mois de prison préventive !

Le parquet était-il dans son droit en repoussant cette demande ? Telle est la question que nous examinerons en peu de mots : elle a son intérêt. S'il faut admettre, en effet, que le refus était légal, nous nous trouverons en face d'une disposition qui est en désaccord complet avec l'esprit bienfaisant de la loi du 14 juillet 1865.

Cette loi a été faite dans le but de supprimer la prison préventive toutes les fois que la sécurité publique ne se trouverait pas compromise par la mise en liberté provisoire d'un accusé. Or, dans l'espèce, le juge d'instruction avait agi en connaissance de cause et aucune circonstance aggravante n'était venue modifier la position de l'accusé jusqu'à sa comparution devant la cour d'assises. Il était donc équitable de remettre cet homme en liberté provisoire.

C'était équitable, mais ce n'était pas légal. Il suffit de lire les articles 116 et 126 du code d'instruction criminelle pour reconnaître que le parquet avait les mains liées. « La mise en liberté provisoire peut être demandée en tout état de cause, dit l'article 116 : à la chambre des mises en accusation, depuis l'ordonnance du juge d'instruction jusqu'à l'arrêt de renvoi devant la cour d'assises ; au tribunal correctionnel, si l'affaire y a été renvoyée ; à la cour d'appel (chambre des appels correctionnels), si appel a été interjeté du jugement sur le fond.... » Mais par *tout état de cause,* il faut entendre *jusqu'à l'arrêt de renvoi devant la cour d'assises,* car l'article 126 est explicite sur ce point : « L'inculpé renvoyé devant la cour d'assises sera mis en état d'arrestation, en vertu de l'ordonnance de prise de corps contenue dans l'arrêt de la chambre des mises en accusation, *nonobstant la mise en liberté provisoire.* »

Ainsi la liberté provisoire expire au moment où la cour d'assises est saisie. Tel est, du reste, l'avis de M. Faustin-Hélie : « Ni la cour d'assises, dit-il dans sa *Pratique judiciaire des cours et tribunaux,* ni la cour de cassation ne sont compétentes pour statuer sur cette demande : la première parce que la liberté provisoire expire au moment où elle est saisie (Cass., 13 juillet 1872), l'autre, parce qu'il n'entre pas dans ses attributions d'examiner le fond des affaires (Cass., 3 avril 1873). » Et cette appréciation du savant jurisconsulte se trouve confirmée, non seulement par les deux arrêts qu'il cite, mais par de nombreux arrêts de la Cour de cassation et des cours d'appel.

Une telle restriction de la loi a paru cependant si peu juste que plusieurs cours se sont prononcées dans un sens contraire. C'est ainsi que la cour d'assises de Saône-et-Loire le 25 juin 1867, celle d'Aveyron le 11 mars 1871, de Saint-Denis le 8 janvier 1872, de la Somme le 15 janvier 1872, de la Haute-Vienne le 5 février 1872, ont jugé « que l'accusé dont la cause est renvoyée à une autre session, peut obtenir sa mise en liberté provisoire, et, en pareil cas, que c'est à la cour d'assises qu'il appartient de statuer ». La cour d'assises de la Somme et celle de l'Aveyron motivent même leurs arrêts en déclarant que la cour peut accueillir la demande en liberté provisoire quand l'accusé n'a pas d'antécédents judiciaires et offre de sérieuses garanties, ou que son travail est nécessaire à sa famille, ou bien encore que son état grave de maladie nécessite des soins qu'il ne peut trouver qu'au milieu des siens, ou enfin que l'accusé failli, s'il était détenu, ne pourrait donner au syndic les nombreux renseignements dont l'absence a motivé le renvoi de l'affaire à la session suivante.—La cour d'Indre-et-Loire cite un autre motif. Suivant elle, il y a lieu de mettre en liberté provisoire l'accusé pour viol sur la personne de sa fiancée, lorsqu'il justifie à l'audience du consentement de celle-ci à ce qu'il soit procédé au mariage.

En refusant d'appliquer l'article 116 du code d'instruction criminelle et en motivant leur refus, les cours d'assises sont-elles dans leur droit? Évidemment non, au point de vue légal; mais au point de vue de l'équité, elles ont raison. Un dernier exemple prouvera que cette jurisprudence est la plus saine et qu'elle doit amener la réforme de l'article 116.

En 1870, lorsque le cours de la justice se trouva forcément interrompu par la guerre, de nombreux accusés, arrêtés en vertu de l'ordonnance de prise de corps, se virent contraints de rester en prison préventive tant que les cours d'assises se trouveraient suspendues. Aucun magistrat n'avait le droit d'ordonner la mise en liberté provisoire, et c'était bien là l'application des articles 116 et 126. Que fit alors le Gouvernement de la Défense nationale? — Le 30 septembre 1870, il rendit un décret portant que, « pendant la suspension des assises du département de la Seine, les présidents de la cour d'assises seraient autorisés à prononcer, après examen et le ministère public entendu, la mise en liberté provisoire des accusés renvoyés devant ladite cour. »

En présence de l'opposition manifestée par les cours d'assises citées plus haut, en présence d'un abus qui n'a pris naissance que par une omission involontaire des législateurs de 1865, il serait juste, suivant nous, de modifier les articles 116 et 126 du code d'instruction criminelle, et de donner aux présidents d'assises le pouvoir qui leur avait été conféré provisoirement le 30 septembre 1870. La sécurité publique ne perdrait rien à cette mesure, et la loi sur la liberté provisoire y gagnerait en équité[1].

1. *La France judiciaire*, nº du 1er déc. 1879.

III

L'INSTRUCTION CRIMINELLE

On parle beaucoup depuis quelque temps des projets de réformes proposés dans le code d'instruction criminelle par la commission constituée en 1878 au ministère de la justice.

Le but de ces réformes, c'est de remplacer l'instruction actuelle, véritable instruction secrète, par l'instruction contradictoire, but essentiellement louable et digne des encouragements de nos législateurs.

Mais il faut prendre garde d'aller trop loin. « Les réformes qui s'écartent le moins des pratiques reçues sont celles qui ont le plus de chances d'être accueillies, et, si elles apportent au mal un remède suffisant, il vaut mieux les employer. » (Faustin-Hélie, De la mise en prévention des inculpés, *le Droit*, 14 juin 1876.)

Et c'est précisément parce que dans le projet actuel on a peut-être été trop loin que je me permets ici quelques mots de critique au sujet de l'article 3.

La commission exige par l'article 1er que l'accusé choisisse ou reçoive d'office un avocat dès le début de l'affaire, sauf à interdire la communication pendant un temps limité si l'instruction l'exige (art. 2). Elle veut également que l'accusé et son conseil aient connaissance à bref délai des dépositions des témoins, si l'audition a été faite en leur absence (art. 4) : elle a raison.

Mais autoriser le procureur de la République et le défenseur à assister à tous les interrogatoires et à toutes les confrontations de témoins comme le demande l'article 3, ne serait-ce pas dépasser le but que l'on veut atteindre?

Je comprends cette procédure devant le *Grand Jury* anglais : là les débats sont possibles; l'acte d'accusation, *indictment*, est discuté avec toute liberté; la société et l'accusé sont également protégés : les jurés rendent leur verdict en pleine connaissance de cause et renvoient l'inculpé devant le second jury, si l'accusation paraît fondée.

En est-il de même dans le projet actuel? L'avocat assiste le prévenu, il est vrai, mais dans quelles conditions? Devant ce tribunal secret, quels seront ses pouvoirs? Jouera-t-il le rôle d'un personnage muet, ou bien aura-t-il la faculté de prendre la parole?

Dans le premier cas, sa présence est inutile et la lecture du procès-verbal l'éclairera suffisamment sur la marche de l'instruction.

Dans le second cas, quels seront ses droits? Si la discussion est encore facile avec le procureur de la République, elle me paraît difficile avec le juge d'instruction : ce magistrat doit rester le véritable directeur des débats et il les arrêtera là où il voudra : sinon, ce serait la confusion des pouvoirs.

Or, si le juge d'instruction peut arrêter la discussion sans contrôle et de sa propre autorité, la défense devient illusoire, puisque l'avocat peut être réduit au silence, sans avoir derrière lui la publicité, cette grande protectrice de ses droits.

Faut-il ajouter qu'en pratique cette procédure ne serait pas exécutable?

Comment exiger d'un avocat sa présence dans les cabinets d'instruction, alors qu'il est obligé de passer ses journées aux audiences? En admettant même que les heures d'instruction ne coïncident pas avec les audiences, à quel moment pourra-t-il préparer ses affaires, recevoir ses clients?

Allons plus loin. Aidé par de nombreux secrétaires, il domine la situation et fait face à toutes ces nouvelles charges. Quels avantages en tirera la défense?

Dans le système actuel, que reprochons-nous au code d'instruction criminelle? Est-ce véritablement le pouvoir considérable qu'il donne au juge d'instruction? Tel n'est pas mon avis et je l'ai déjà dit ailleurs : « Il faut reconnaître que les instructions sont faites d'une manière à peu près satisfaisantes. Le pouvoir du juge d'instruction, contrebalancé par celui du procureur de la République, se trouve suffisamment contrôlé pour éviter généralement les abus[1]. »

Non, le mal ne réside pas dans la puissance du juge d'instruction, mais dans l'insuffisance des moyens de défense donnés à l'accusé. Si la société peut faire son enquête, l'inculpé n'a pas les moyens de provoquer une contre-enquête. C'est là le défaut de notre procédure.

Pour obtenir cette contre-enquête, faut-il que l'avocat assiste aux interrogatoires et aux dépositions? C'est inutile. Mis au courant de

1. *Études sur le Code pénal.*

l'instruction à mesure qu'elle se produit, il peut diriger la contre-enquête en examinant les pièces communiquées, et donner au magistrat instructeur les indications nécessaires pour entendre tel ou tel témoin ; bien plus, grâce à la liberté qu'il a de conférer avec l'accusé, il établit son plan de défense beaucoup plus utilement qu'en le développant d'avance devant le juge d'instruction.

Enfin, il ne faut pas oublier que cette autorisation pour le défenseur d'assister aux interrogatoires aurait de graves inconvénients. « Ce serait créer une position fausse tout aussi bien pour l'avocat que pour le magistrat. Cette immixtion du barreau dans l'instruction pourrait amener des froissements et des querelles indignes de l'Ordre et de la Magistrature [1]. »

En résumé, la commission de 1878 a raison d'exiger la désignation du défenseur dès le début de l'instruction, mais la présence de l'avo-

1. *Études sur le Code pénal.*

cat aux interrogatoires ne me paraît pas d'une utilité pratique.

Les criminalistes, qui ont donné leur temps et leur savoir à modifier notre code d'instruction criminelle, excuseront cette critique, qui ne porte du reste que sur un point du projet : je me suis permis de la faire parce que je crois qu'en France principalement où les progrès s'obtiennent si difficilement, « il vaut mieux employer les réformes qui s'écartent le moins des pratiques reçues, » comme le dit si sagement M. Faustin-Hélie[1].

1. *Journal du Palais,* 12 mai 1880.

IV

LES RÉSUMÉS DES PRÉSIDENTS

EN COUR D'ASSISES

C'est encore une question d'actualité. Dans un article précédent, nous parlions de l'instruction contradictoire, et les réformes proposées par la commission de 1878 nous paraissaient exagérées : aujourd'hui, nous examinerons si la suppression des résumés (réclamée par le plus grand nombre, il faut bien le reconnaître), réalisera les vœux du public et rétablira l'égalité entre l'accusation et la défense.

Il est certain qu'après des procès comme celui d'Amiens (affaire Charbaut), ou, pour citer le dernier, comme l'affaire Bière, qui se déroulait hier devant la cour d'assises de la Seine, on lutte difficilement contre le courant d'opinion qui nous entraîne vers des réformes radicales.

Les présidents d'assises n'ont pas toujours l'impartialité que réclament les difficiles fonctions qu'ils ont à remplir : c'est incontestable.

Mais comment pourrait-il en être autrement? Ces magistrats, avant de présider, ont pendant longtemps rempli le rôle d'avocats généraux : habitués à rechercher le crime pour le combattre, ils le voient, malgré eux, souvent où il n'est pas; l'humanité se noircit à leurs yeux et ils finissent par ne plus croire aux sentiments généreux d'un homme dès que celui-ci est atteint par les soupçons de la justice.

De même l'avocat, à force de voir l'humanité souffrante, étend quelquefois sa commisération jusqu'à des sujets indignes de toute pitié.

Des deux côtés, les esprits suivent une ligne opposée, et cela inconsciemment.

Il ne faut donc pas s'étonner de voir le magistrat incliner malgré lui vers la sévérité et ne pouvoir maîtriser ses propres sentiments alors qu'il devrait rester impartial.

Mais la faute ne retombe par sur lui seul : la loi est la première coupable.

Quel était le but que les législateurs, en créant le résumé, devaient chercher à atteindre? Une étude approfondie du cœur humain ne devait-elle pas les amener à reconnaître un premier point, c'est que le juré, s'il entrait dans la salle des délibérations encore sous le coup de la parole de l'avocat, subirait une impression beaucoup plus favorable pour l'accusé et que, pour éviter cet écueil, il fallait permettre aux esprits de se calmer avant de rendre le verdict?

Le second point à examiner était de rechercher le moyen d'obtenir cet apaisement. Le résumé du président pouvait remplir ce but, à la condition d'être strictement le résumé des plaidoiries.

Mais la nature humaine a ses faiblesses et, pour obtenir l'impartialité du président, il fallait renfermer ses droits dans des bornes étroites.

C'est ce que n'a pas fait le code actuel, et sur ce point les idées s'égarèrent dans une fausse route.

Si nous nous reportons, en effet, aux appréciations d'auteurs déjà anciens, nous voyons le rôle du président prendre des proportions telles qu'un magistrat les atteindrait bien rarement sans dépasser les limites de son mandat.

«..... Si le résumé du président, dit Le Graverend dans son *Traité de législation criminelle*, doit être un rapprochement impartial du résultat des débats, il n'en doit pas être une analyse insignifiante. Le président, étant chargé de présenter les preuves pour ou contre l'accusé, ne peut se dispenser de faire remarquer la nature et la valeur de ces preuves respectives, de les *discuter même* si la nécessité s'en fait sentir ; et, pour justifier ce que la société attend de lui, tous ses efforts, qui ont dû tendre à la découverte de la vérité pendant l'instruction orale, doivent, après que les débats sont fermés, avoir pour unique objet d'assurer la manifestation juridique et légale de cette vérité par une déclaration franche et juste de la part du jury..... Le président des assises est chargé de rappeler aux jurés les fonctions qu'ils ont à remplir ; il entre donc dans ses obligations de prévenir et de combattre les funestes effets que pourraient produire sur eux la considération de la gravité de la peine applicable au crime, l'appel fait à leur sensibilité ou les *raisonnements captieux* employés pour leur persuader qu'un fait que la loi répute criminel n'est cependant pas une action punissable. Non seulement le président peut, aux termes de la loi, retracer au jury le cercle de ses devoirs et les vrais principes de la matière, mais il montrerait une indifférence bien répréhensible s'il omettait ou négligeait de le faire, toutes les fois que les circonstances l'exigent..... »

Et l'auteur cite en note les arrêts de la cour de cassation qui confirment le pouvoir discrétionnaire du président dans les résumés.

Mais cette erreur de l'auteur ne lui appartenait pas en propre, non plus qu'aux jurisconsultes partisans de cette théorie dangereuse : ils s'appuyaient les uns et les autres sur la rédaction même de l'article 336, qui est ainsi conçu :

« Le président résumera l'affaire.— *Il fera remarquer aux jurés les principales preuves pour ou contre l'accusé.* — Il leur rappellera les fonctions qu'ils auront à remplir. — Il posera les questions ainsi qu'il sera dit ci-après.»

Ce n'est donc pas un simple résumé de l'affaire que le président peut présenter au jury; il est obligé par la loi de faire remarquer aux jurés les principales preuves pour ou contre l'accusé : cette appréciation, doit-il la donner suivant les systèmes présentés par le ministère public et l'avocat? Nous venons de lire l'opinion de Le Graverend sur ce point : « Il entre dans ses obligations de prévenir et de combattre les funestes effets que pourraient produire sur eux la considération de la gravité de la peine applicable au crime, l'appel fait à leur sensibilité ou les raisonnements captieux employés pour leur persuader qu'un fait que la loi répute criminel n'est cependant pas une action punissable. »

En un mot, suivant cet auteur, le président a le droit de combattre les arguments de la défense, s'il les trouve *captieux :* c'est véritablement un nouveau réquisitoire, et celui-là sans droit de réplique de la part de l'avocat, puisque les débats sont clos d'une manière irrévocable (sauf le cas, bien entendu, où le président produirait des pièces nouvelles).

Les présidents ne sont donc pas les véritables coupables, mais la loi elle-même, comme nous le disions plus haut.

L'expérience est faite aujourd'hui et tout le

monde s'accorde à reconnaître que l'article 336 doit être réformé.

Déjà des présidents d'assises, en grand nombre, avaient compris depuis longtemps que leurs pouvoirs étaient trop étendus, puisque, malgré l'appui de la Cour de cassation, ils se contentaient de résumer les plaidoiries sans oser aller plus loin.

Et si, d'aventure, l'un d'eux retournait aux anciens errements, il avait contre lui l'opinion publique tout entière.

Il faut donc modifier ce pouvoir discrétionnaire, mais dans quelles limites?

Ici je trouve que les réformateurs vont trop loin.

Avec le résumé actuel, les intérêts de l'accusé sont gravement atteints; avec la nouvelle législation, c'est-à-dire, avec la suppression totale du résumé, c'est la société qui peut se trouver blessée dans ses droits[1].

1. La loi du 19 juin 1881 a supprimé le résumé : à

Dans le premier système, en effet, le président ayant la parole le dernier et prononçant un nouveau réquisitoire, son influence pèse trop lourdement sur l'esprit des jurés ; dans le second système, c'est l'avocat qui, à son tour, laissera sur le jury l'impression la plus profonde : des deux côtés, la balance n'est plus égale ; elle penche tantôt vers la société, tantôt vers l'accusé.

Il faut rétablir l'égalité, *en donnant aux esprits le temps de se calmer*, ce que vous obtiendrez par le résumé, non plus un résumé passionné, mais une véritable analyse des moyens présentés par le ministère public et l'avocat, sans commentaires de la part du président.

Pour arriver à ce résultat, il suffirait, je crois, de modifier l'article 336 dans ce sens :

« Le président résumera l'affaire sans s'écarter des moyens de défense ou d'accusation

mon avis, la réforme est trop radicale, mais elle est préférable à l'ancienne loi.

présentés par les organes du ministère public et du barreau. »

Mais la sanction, me dira-t-on, où la trouverez-vous ?

L'article ainsi revisé, le pouvoir discrétionnaire du président n'existe plus dans le résumé, et la cour de cassation, abandonnant l'ancienne jurisprudence, n'écarterait plus les conclusions prises par la défense dans le cas où un magistrat dépasserait les limites de son pouvoir.

Ces conclusions ne sont pas une formalité banale, il ne faut pas l'oublier. C'est une arme puissante qui protège l'avocat dans son indépendance, et un président y regarde à deux fois avant de soulever un pareil incident, parce qu'il sait que la cour suprême couvre de sa protection ce moyen de défense employé toujours par le barreau avec tant de modération.

Modifions donc l'article 336, mais ne le supprimons pas en entier : les intérêts de tous auront ainsi une égale protection.

V

LA SOCIÉTÉ GÉNÉRALE DES PRISONS :

SON PROJET DE LOI SUR L'AUTORITÉ PATERNELLE.

—

La Société générale des prisons a consacré ses dernières réunions à l'examen d'un projet de loi qu'elle soumettra prochainement au Sénat.

Cette Société, fondée depuis quatre ans, s'occupe principalement d'améliorer les lois pénales et de moraliser les coupables. Elle est en correspondance continuelle avec les Sociétés étrangères qui se sont formées dans le même but, et le Congrès de Stockholm, réuni l'année dernière, a donné la mesure de ce que pouvait faire une assemblée ainsi composée.

Cette grande question de la moralisation sera pour le dix-neuvième siècle un de ses plus beaux titres de gloire. Dignes successeurs des philosophes du siècle dernier, nos philanthropes modernes, s'emparant des idées de Beccaria, veulent les pousser plus loin et couronner l'œuvre du célèbre Italien. Celui-ci, allant au plus pressé, renversait l'odieux appareil des supplices et des tortures; ceux-là, trouvant la voie dégagée, élèvent la question dans une sphère plus élevée, puisque non seulement ils s'efforcent de mettre les pénalités en rapport avec la civilisation de notre époque, mais qu'ils veulent ramener les coupables au bien, les moraliser.

Pour protéger efficacement la société contre les attaques des méchants, il ne suffit pas d'arrêter les criminels et de les punir : il faut encore les conduire au repentir, de telle façon qu'à leur sortie de prison ils ne soient plus, comme aujourd'hui, des êtres dangereux, prêts à recommencer la lutte, mais des hommes amendés et disposés à faire oublier le passé : c'est le principe que soutient la Société des prisons, principe qu'il faut répandre dans le monde, pour trouver parmi les gens éclairés un réel appui, appui si nécessaire pour faire réussir les meilleures idées et combattre l'indifférence, cette grande ennemie du bien.

Le projet de loi, dont nous parlions au début de cet article, peut donner au lecteur une idée du programme que s'est tracé la Société des prisons.

Il s'agit d'une grave question : c'est l'autorité paternelle qui est en jeu.

La puissance du père de famille est-elle sans limites? La *patria potestas* doit-elle rester en France ce qu'elle était dans l'ancienne Rome?

« On peut affirmer que la France, en raison des lacunes du code civil, est, de tous les pays, celui où la protection de l'enfance est la moins sauvegardée, surtout au sein de la famille. Des raisons qui tiennent à plus d'une cause ont contribué à éloigner la pensée de porter remède à cet état de choses. Qu'il suffise de dire que les appréhensions qui s'éveillent, lorsqu'il s'agit de limiter la puissance paternelle, ont d'autant moins de fondement que, durant de longs siècles, une partie de l'ancienne France a été régie par des principes tout différents. Il y avait, avant la révolution, dans les provinces, deux législations en présence : le droit romain, dans les pays de droit écrit, et les coutumes sur tout le reste du territoire. Or, la puissance paternelle, avec le caractère que lui avaient donné les lois romaines, ne s'était établie que dans les provinces de droit écrit : c'est là seulement que s'étaient constitués la *patria potestas* et le *plenum dominium*, qui absorbait le fils dans la personne de son père. Partout ailleurs, des principes plus cléments avaient prévalu. Ils se résumaient dans le vieil adage : *Puissance paternelle n'a lieu*, qui se retrouve dans Loysel. C'est qu'en effet les coutumes avaient pris leur source dans le vieux droit germanique, et qu'elles s'étaient inspirées à leur origine des règles du *mundium*, institution par laquelle le chef de tribu étendait un pouvoir de protection et de tutelle sur tous les membres de la tribu, et par suite sur les enfants et les femmes, et dont on retrouve un dernier vestige dans les prérogatives de la couronne d'Angleterre.

» Lors de la discussion des codes, les représentants des deux systèmes se sont trouvés en opposition et aux prises. Une vive discussion s'est élevée entre eux pour savoir si c'était la tradition romaine ou la tradition germanique que le code devait s'approprier. Les représentants des pays de droit écrit, Cambacérès, Malleville, l'ont évidemment emporté, et dans le compromis auquel on a abouti, si la puissance paternelle a été circonscrite, si son nom même a été relégué dans la rubrique du titre IX, elle a été, en définitive, maintenue, au moins pendant la minorité, avec le caractère despotique qu'elle avait à Rome. Aussi les droits de l'enfant ont été presque entièrement passés sous silence, les obligations du père n'ont été l'objet d'aucune sanction, et son autorité a revêtu le caractère d'un droit indélébile, qui ne pouvait être atteint par aucune déchéance..... »

M. Pradines, substitut du procureur général près la cour d'appel de Paris. — Séance du 17 février 1880. — Société générale des prisons.

Voilà l'idée générale sur les abus de la puissance paternelle et nous ne pouvions en donner un meilleur résumé que celui-ci, mais il ne faudrait pas croire que la Société des prisons ait en vue de demander une réforme complète sur ce point : elle ne veut pas sortir des limites de son programme et elle n'examine la question qu'au sujet des enfants coupables ou exposés à le devenir. Or, elle a constaté qu'un grand nombre d'enfants n'étaient envoyés dans les prisons ou maisons de correction que par la faute du père de famille, celui-ci abandonnant moralement ses enfants et manquant ainsi au premier des devoirs que lui dicte l'art. 103 du code civil, l'éducation de sa famille.

Malheureusement, comme le dit M. Pradines, cet article n'a pas de sanction et, quelque blâmable que soit le père lorsqu'il abandonne ses enfants, il reste le chef de la famille, et comme tuteur et comme administrateur, sauf de rares exceptions.

C'est précisément cette omission de la loi que la Société des prisons veut effacer, mais dans une limite restreinte, pour rester dans son programme.

Elle ne demande pas au père de famille d'élever son enfant dans telles ou telles idées, elle n'exige pas de lui que le plan d'éducation soit conforme à celui tracé par l'État, mais elle veut que l'enfant ne soit pas abandonné à lui-même.

Nous parlions, dans notre dernière étude sur l'éducation correctionnelle, de l'enfant que nous appelions le *demi-vagabond;* c'est celui-là dont l'avenir préoccupe principalement la Société des prisons.

Le demi-vagabond a ses parents et demeure

avec eux, mais il passe son enfance sans la moindre surveillance, courant les rues dans le jour, vagabondant souvent la nuit, n'allant jamais à l'école.

Tant qu'il se contente de vagabonder, de découcher, la police ferme les yeux; mais le jour où ses camarades d'oisiveté deviennent ses maîtres dans le métier du vol, la justice l'envoie dans une maison de correction; il est déjà trop tard pour le ramener au bien!

Que demande donc la Société des prisons?

Article premier. — Tout enfant ou mineur de seize ans, de l'un ou l'autre sexe, matériellement ou moralement abandonné, ou maltraité, est placé sous la protection et la tutelle de l'autorité publique.

« *Art... 7.* — Les parents de l'enfant moralement abandonné ou maltraité peuvent être privés de la garde de sa personne, jusqu'à sa majorité ou son émancipation... »

« Nous demandons, dans notre projet de loi, que les parents indignes, reconnus coupables d'avoir abandonné leurs enfants, moralement ou matériellement, puissent être déchus du droit de garde, et que ce droit puisse être transféré, soit par l'administration lorsque les parents ont disparu, soit par les tribunaux, lorsqu'ils sont reconnus indignes, à des particuliers ou à des sociétés charitables. Assurément, la réforme que nous demandons peut s'accomplir sans porter atteinte aux droits imprescriptibles du père de famille ! Il ne s'agit que de réprimer les abus qu'il peut faire de ces droits que la nature et la loi lui confient ; que de sauvegarder, avec une sollicitude égale, ceux de ses propres enfants. Ses enfants ne sont plus considérés aujourd'hui comme sa propriété. Ils sont entre ses mains comme un dépôt sacré dont il doit compte à Dieu d'abord, ensuite à la patrie... » *(M. Fernand Desportes, avocat à la cour d'appel de Paris. Séance du 13 janvier 1880. Société générale des prisons.)*

Si nous ouvrons les codes étrangers, nous trouvons partout des lois protectrices pour l'enfance, en Angleterre, en Amérique, en Italie, en Russie!

La France est une des rares nations qui soient restées en arrière.

Le 7 décembre 1874, nos législateurs ont tenté, il est vrai, de faire un premier pas en frappant les parents qui livreraient leurs enfants aux saltimbanques et aux mendiants; malheureusement, cette loi se trouve encore aujourd'hui inapplicable : elle permet, en effet, d'enlever les enfants aux parents, mais pour les confier à qui? On n'a oublié qu'un point important : créer des écoles pour recevoir ces enfants.

En Angleterre, en Amérique, les *écoles industrielles* existent à profusion; en France, nous n'avons rien de tout cela, au moins officiellement. L'Assistance publique s'occupe des enfants abandonnés matériellement; quant aux autres, si la charité privée ne peut pas les surveiller, les tribunaux sont nécessairement obligés de les envoyer dans des maisons de correction : on tombe de Charybde dans Scylla!

Bien plus, les sociétés privées qui recueillent ces abandonnés n'ont aucun pouvoir sur eux, et, tous les jours, nous voyons des parents sans pudeur venir, forts de leurs droits, réclamer leurs enfants une fois élevés pour profiter de leur salaire, et les hommes de cœur qui avaient sauvé ces malheureuses créatures sont obligés de s'incliner devant la loi.

« La chose, dit encore notre confrère, M. Desportes, que nous attendions du législateur, c'est de faire disparaître les difficultés légales qui s'opposent aujourd'hui au développement de ces œuvres salutaires, c'est de permettre, soit à l'Administration, soit à la Magistrature, d'y concourir en conférant aux institutions charitables la tutelle des enfants matériellement ou moralement abandonnés. »

Ainsi, c'est la loi qui arrête l'élan de ces sociétés généreuses : 206 orphelinats, dont 68 reconnus d'utilité publique, existent actuellement en France, et leur protection est impuissante vis-à-vis de l'enfant moralement abandonné, parce que la puissance paternelle est restée inattaquable dans les mains d'un père indigne! Est-ce juste? Est-ce moral?

L'enfant qui n'a plus ni père, ni mère, l'enfant matériellement abandonné, trouve dans l'assistance publique une nouvelle famille qui l'élève, qui l'instruit.

Si la *fatalité* veut que cet enfant, au lieu d'être orphelin, se trouve avoir encore ses parents, et que ceux-ci l'abandonnent moralement, la société ne peut plus rien pour cet enfant, parce que le père est là et qu'il est le maître absolu de jeter son fils dans la voie du crime!

Les choses ne peuvent pas rester en cet état, n'est-ce pas? Il suffit de présenter les faits pour voir disparaître cette anomalie? Vaine illusion! Cette indifférence que nous blâmions tout à l'heure règne encore en France comme autrefois, et nous préférons rester dans la routine.

En voulez-vous un exemple? En 1875, après

plus de cinquante ans d'efforts infructueux, on obtenait l'introduction, dans le régime pénitentiaire, du système cellulaire. La loi existe aujourd'hui pour les condamnés à moins d'un an de prison. Est-elle exécutée? Dans des proportions dérisoires, parce que, lorsque les conseils généraux sont sollicités pour voter les crédits nécessaires à la construction des maisons cellulaires, ils se montrent, en grand nombre indifférents, quand ils ne sont pas hostiles !

Pendant ce temps-là, nous voyons les pays voisins, qui ont puisé chez nous toutes ces idées de moralisation, mettre en pratique les théories que nous avons trouvées et arriver rapidement à nous dépasser en nous laissant bien loin derrière eux.

Ce qu'il y a de plus grave dans cette indifférence coupable, c'est que pendant que les honnêtes gens s'endorment dans la routine, le mal fait des progrès tous les jours; s'il est nécessaire de donner un chiffre pour prouver ce que nous avançons, le nombre des récidivistes, de ces hommes qui ont été élevés dans le crime et ne quittent la prison que pour s'attaquer de nouveau à la société, s'élève aujourd'hui *à 50 pour 100*.

Il faut donc sortir de cette torpeur, si nous ne voulons pas disparaître, et donner toutes nos forces pour venir en aide à ces Sociétés qui vous demandent bien moins un secours matériel qu'un appui moral[1].

1. *Le Palais*, nº du 1er août 1880.

VI

SOCIÉTÉ DE PROTECTION

DES ENGAGÉS VOLONTAIRES

ÉLEVÉS DANS LES MAISONS D'ÉDUCATION CORRECTIONNELLE.

Nous demandions dernièrement à nos lecteurs de venir en aide à la Société générale des prisons, et nous nous efforcions de démontrer l'utilité et la moralité de cette institution.

Il serait injuste aujourd'hui de ne pas faire connaître les autres Sociétés qui se sont créées ou qui naissent tous les jours pour améliorer le sort de ces classes malheureuses que l'abandon conduit fatalement au crime.

Voici, tout d'abord, la Société générale de

protection de l'enfance abandonnée ou coupable. Son président est M. Bonjean, juge suppléant au tribunal de la Seine et fondateur de l'École industrielle d'Orgeville. Cette Société n'est organisée que depuis quelques mois : nous ne pouvons donc la signaler que pour engager les hommes de cœur à grossir la liste déjà considérable des souscripteurs.

Mais, dans cet article, nous voulons parler plus spécialement d'une Société qui a été fondée en 1878 par M. Voisin, conseiller à la Cour de cassation : elle a déjà près de deux années d'existence et peut donner une preuve des résultats que l'on obtient dans un si court espace de temps. C'est la Société de protection des engagés volontaires élevés dans les maisons d'éducation correctionnelle.

On pourra juger de l'œuvre en lisant les deux premiers articles de ses statuts.

» Titre Ier, art. 1er. — Une Société est formée dans le but d'encourager les engagements volontaires des jeunes gens élevés dans les maisons d'éducation correctionnelle, publiques ou privées, qui, ayant atteint l'âge de dix-huit ans, se seront montrés dignes d'aide et de protection par leur bonne conduite, leur assiduité au travail et leurs progrès à l'école.

L'action protectrice de la Société, à l'égard de ces jeunes gens, s'exercera pendant la durée de leur séjour au régiment et les accompagnera également au moment de leur rentrée dans la vie civile.

« Art. 2. — La bienveillante sollicitude de la Société pourra aussi s'étendre aux jeunes gens qui, frappés d'une condamnation, auront été appelés au service militaire par la loi de recrutement, si, pendant leur détention, ils ont témoigné un véritable repentir et donné des gages certains de leur retour à des sentiments honnêtes. »

Ainsi, tout enfant élevé dans une maison correctionnelle peut, par sa bonne conduite, mériter la protection de cette Société qui, non seulement veille sur lui pendant qu'il est au régiment, mais lui facilite sa rentrée dans la vie civile.

On voit de suite les grands avantages que procure à ces jeunes gens l'engagement volontaire dans ces conditions. Ils passent directement de la discipline correctionnelle à la discipline militaire. « C'est la réalisation de plus en plus complète de la pensée qui a présidé à la constitution de notre œuvre, » disait M. Aubry-Vitet, secrétaire, dans la réunion du 27 mai 1880.

Il est inutile de s'étendre plus longtemps sur les bienfaits de cette institution. Voyons plutôt en quelques mots quels résultats ont été obtenus en deux ans.

« ... Nous avions, continue M. le secrétaire, 239 patronnés en 1879; nous en comptons aujourd'hui 418. Ainsi, en une année, le nombre de nos jeunes protégés s'est presque doublé, et déjà nous avons dépassé ce chiffre de 400, qu'autrefois nous envisagions dans un avenir plus ou moins lointain comme un maximum probable... »

Que deviennent ces jeunes gens une fois au régiment? L'action protectrice de la Société a-t-elle une réelle influence sur la conduite de ses protégés?

« ... Au point de vue de la conduite, nos patronnés doivent être classés de la façon suivante :

Conduite très bonne (excellents sujets)	64
Conduite bonne.	262
Conduite passable.	43
Conduite médiocre	49
	418

» ... Le chiffre des radiations n'a suivi, comme les autres, qu'une progression normale..., remarquablement faible l'an dernier, il ne l'est pas moins cette année. Or, ces radiations, nous n'hésitons pas à les effectuer lorsqu'une juste sévérité nous le commande. Sans doute, pour une première faute légère, nous n'excluons pas le coupable : c'est là que les avertissements, les encouragements, les conseils doivent efficacement jouer leur rôle.

Mais, s'il y a récidive, ou si la faute est grave et de nature à entacher la probité, nous chassons sans pitié la brebis galeuse qui pourrait corrompre le reste du troupeau. Eh bien, malgré cette légitime rigueur, sur 441 jeunes gens qui, cette année, ont passé par notre patronage, 15 seulement ont été rayés. Quoi de plus consolant, quoi de plus encourageant qu'un pareil chiffre!... »

Nous avons prolongé cette citation pour montrer ce que peut produire la moralisation, quand elle est appliquée avec tact et discernement.

Ces résultats sont déjà satisfaisants : que serait-ce si la publicité répandait dans le monde le nom de toutes ces sociétés nouvelles!

Il faut bien le reconnaître, c'est l'appui moral, tout aussi bien que l'argent, qui manque pour rendre ces œuvres florissantes, et, malgré nous, c'est toujours avec envie que nos regards se portent vers l'étranger lorsque nous voyons le nombre incroyable de souscriptions qui viennent donner leur appui aux sociétés anglaises et américaines.

Tous ces grands noms d'Angleterre, tous ces riches citoyens d'Amérique ont vite compris, avec leur esprit pratique, que verser l'or à pleines mains pour moraliser, c'était se créer dans les classes pauvres des alliés puissants : espérons qu'il en sera de même bientôt dans notre France qui mérite déjà, il faut bien le dire, de ne plus être comptée parmi les indifférents.

Depuis quelques années, en effet, cette question de moralisation a pénétré peu à peu dans les salons, et un courant semble s'établir aujourd'hui, favorable à la réforme si désirée.

C'est ainsi que la Ville de Paris prépare en ce moment un projet d'écoles industrielles pour les enfants abandonnés, et il est à espérer que ce projet ne restera pas dans les cartons.

Ayons donc confiance et venons en aide de tout notre pouvoir à ces sociétés nouvelles.

En France, il y a plus d'apathie que de mauvais vouloir : l'élan une fois donné, nous valons bien nos voisins d'Angleterre en générosité.

Il s'agit de faire cette preuve[1].

1. Les statuts de la Société des engagements volontaires se trouvent, 21, place du Marché-Saint-Honoré; ceux de la Société de l'enfance abandonnée, 47, rue de Lille. (*Le Palais*, nº du 15 nov. 1880.)

VII

DE LA TRANSPORTATION

Mᵉ Feillet, dans son dernier article[1] sur la transportation, remet en lumière une question pénitentiaire qui a été l'objet de nombreux travaux de la part de la commission instituée en 1872 par l'Assemblée nationale, mais qui n'a pas encore obtenu une solution complète à l'heure actuelle.

Mon honorable confrère formule des conclusions tellement sévères qu'il me paraît difficile de les admettre avant de les examiner sérieusement. Il veut en effet la transportation pour

1. V. nᵒˢ 9 et 11 du *Courrier des tribunaux.*

tout individu condamné à plus de dix-huit mois de prison.

Je demande d'abord s'il s'agit ici de la transportation à temps ou à perpétuité : d'après l'ensemble de l'article, il semble résulter qu'il n'est question que de la déportation perpétuelle.

Sur ce point Me Feillet se trouve d'accord avec les criminalistes : la déportation à temps ne peut produire que des effets fâcheux, l'exilé se refusant généralement à toute espèce de travail tant qu'il a l'espoir de retourner en France. Nous ne nous occuperons donc que de la déportation perpétuelle.

Ceci admis, voyons quels résultats peut donner la transportation étendue snr une échelle aussi considérable?

Et d'abord la peine est-elle égale pour tous?

La transportation perpétuelle, pour le condamné qui n'a plus ni famille, ni ressources, est une peine relativement préférable à la réclusion, puisqu'il ne laisse rien derrière lui, et peut espérer se créer une nouvelle vie aux colonies. Pour celui au contraire qui a femme et enfants, c'est une peine terrible car elle l'éloigne à tout jamais de tout ce qu'il aime. Voilà un premier point qui ne me paraît pas discutable et qui établit une inégalité dans la distribution des peines.

Il y en a second qu'il faut bien admettre aussi et qui est un des principes fondamentaux du système cellulaire, attaqué si souvent par Me Feillet, c'est que tous les condamnés à la même peine ne sont pas également pervertis. Les coupables peuvent se diviser en deux classes bien distinctes, les criminels d'habitude et les criminels d'accident, suivant la juste expression de M. d'Haussonville, ceux qui se complaisent à vivre dans le crime, et ceux qui, pour la première fois, commettent une faute. Avec le projet que nous discutons, tous sont transportés s'ils sont condamnés à plus de dix-huit mois de prison. C'est la guerre à outrance!

Et contre qui?

Comment! un homme, dans un moment d'égarement se rend coupable d'un crime; il se repent et ne demande qu'à réparer sa faute, et vous restez inflexible!

Il faut que, sans espoir, il abandonne femme, enfants, patrie, parce qu'il a commis une seule faute!

En vérité, c'est à désespérer de notre pauvre nature, et, fort heureusement tous les criminalistes ne sont pas aussi sévères, sinon la France ne tarderait pas à être dépeuplée.

Non, les propagateurs du régime cellulaire ont pensé qu'on pourrait faire mieux et qu'avant d'user des derniers moyens, il fallait avoir recours à des mesures plus douces. C'est pourquoi, depuis cinquante ans ils demandent l'établissement de la cellule et ils ont fini malgré les circulaires de M. de Persigny et les rapports des médecins de 1853, par obtenir une première victoire.

Comme eux, les législateurs de 1875 ont été

d'avis que l'homme en cellule ne passerait pas uniquement « *ses longues journées de silence et ses nuits plus longues encore à réfléchir sur son crime et sur les moyens d'être plus adroit après sa libération* » ; ils ont jugé que cet homme livré à lui-même, occupé par le travail, encouragé par les conseils des sociétés de patronage, éloigné surtout du contact de ses compagnons de prison, reviendrait au bien, ils ont espéré que celui qui avait commis une faute ne serait pas, pour cette première chute, perdu à tout jamais, et ils lui ont donné le moyen de faire oublier le passé.

Voilà quelle était la préoccupation des criminalistes, voilà quel était le but de la loi de 1875.

Avant même d'obtenir cette loi, on savait à quoi s'en tenir sur le régime cellulaire :

« Depuis l'ouverture à Paris de la prison de correction de la Santé (1870) où se trouvent à la fois un quartier cellulaire et un quartier en commun, plus de 700 condamnés ont demandé à subir leur peine dans l'isolement, et, sur ce nombre, plus des deux tiers ont persévéré jusqu'au bout (Rapport de M. Bérenger). »

Il ne faut pas soutenir que les partisans du régime cellulaire sont des « *philanthropes malavisés* ». Ce serait se faire l'écho de ces propos mondains qui fort heureusement perdent actuellement créance, propos consistant à dire qu'avant de s'intéresser aux criminels il faut venir en aide aux honnêtes gens. On commence à comprendre que ces philanthropes s'occupent beaucoup plus de protéger la société que de défendre les coupables, puisque leur but vise à faire rentrer dans la bonne voie les coupables d'accident au lieu de les envoyer grossir le nombre des coupables d'habitude, ces irréconciliables !

Donc la transportation, telle que vous la demandez, n'est pas pratique; d'abord parce qu'elle serait injuste puisqu'elle frapperait également des hommes inégalement coupables ; en second lieu, parce qu'elle fermerait au criminel repentant tout espoir de pardon. (Et je laisse de côté la question financière.)

Est-ce à dire, pour cela, que les partisans du régime cellulaire soient les ennemis de la transportation? Nullement, et, sauf peut-être M. C. Lucas, les criminalistes actuels sont favorables à ce mode de répression, mais dans certaines limites.

« Il n'y a pas assez longtemps, dit M. d'Haussonville, que la transportation se poursuit dans des conditions régulières et favorables, pour qu'on puisse porter un jugement définitif sur ses résultats, dont on ne saurait sans injustice méconnaître l'importance, surtout depuis quelques années. Mais tant qu'on poursuivra cette épreuve, c'est-à-dire suivant toute probabilité pendant très longtemps encore, nous demanderons au moins qu'on la fasse aussi complète que possible, et qu'on tire du système de la transportation tous les avantages que ce système comporte, c'est-à-dire qu'on cesse de considérer la transportation comme un mode d'exécution des travaux forcés, et qu'elle devienne un mode nouveau de pénalité et comme une sanction *suprême* mise aux mains de la justice, après un *certain nombre de récidives...* »

On peut donc être à la fois partisan du régime cellulaire et de la transportation.

Mais, dira-t-on, puisque la loi ne permet l'application de la cellule que pour neuf mois, que devient alors la catégorie des condamnés à des peines plus fortes, les réclusionnaires, par exemple?

Ce qu'ils deviennent? Ils vont actuellement dans les maisons centrales.

Et vous défendez les maisons centrales, me répondrait-on? — Dieu m'en garde! J'ai assez écrit et j'écrirai encore assez contre elles pour ne pas être accusé de prendre leur défense.

Elles ont été suffisamment condamnées par l'enquête de 1873, et nous avons pu assez les juger par nos propres visites, pour qu'il soit inutile de les présenter sous un jour défavorable.

Oui, il faut le reconnaître, les maisons centrales, malgré tout le zèle de l'Administration, sont des foyers de corruption tels que la récidive monte actuellement à plus de 50 %; le régime en est tellement démoralisateur qu'il a fallu une loi pour forcer les réclusionnaires à n'en pas sortir, alors qu'ils ne demandaient qu'à subir une peine plus forte aux Colonies; et, cependant, nous ne pouvons pas conclure avec vous qu'il faut remplacer la maison centrale par la transportation.

Pourquoi? C'est parce que, suivant nous, il y a un milieu entre ces deux systèmes. Entre le régime cellulaire et l'exil perpétuel, il y a un mode de coercition qui doit être tenté, car un homme n'est pas perdu parce qu'il a commis une première faute.

Quel est ce mode intermédiaire?

Je dois avouer que, pour le moment, il est encore le but de mes recherches et que je ne puis par conséquent le définir d'une manière absolue: mais d'après les observations recueillies dans les législations étrangères, on arriverait, je crois, facilement à établir un système mixte, tel, par exemple, que le système irlandais. Ce système s'appuie en partie sur les mêmes principes que celui cité par mon confrère et appliqué par les Anglais autrefois pour les transportés, en ce sens qu'après un emprisonnement cellulaire de plusieurs mois, le condamné passe dans une prison commune divisée en plusieurs classes; suivant le nombre de points qu'il obtient, il peut monter de classe en classe jusqu'à la libération provisoire. C'est ce système qui pourrait être appliqué dans nos maisons centrales, mais encore une fois, il a besoin d'être étudié avant d'être l'objet d'une proposition de loi.

Quant à transporter les femmes, cette mesure serait impopulaire et peu utile : « Le chiffre de la criminalité étant beaucoup plus élevé chez les hommes que chez les femmes, tant dans l'élément des grands criminels que dans celui des récidivistes, il ne serait jamais possible de combler la différence. (D'Haussonville.) »

Reste la catégorie des vagabonds : pour eux, la transportation facultative serait illusoire : ils vagabondent parce qu'ils ne veulent pas travailler et la perspective du travail dans les colonies ne les tenterait pas. Il serait préférable de les considérer comme récidivistes passibles de la transportation, mais seulement au bout d'un certain nombre de condamnations.

En résumé, la transportation perpétuelle doit être admise comme une ressource suprême mise aux mains de la justice quand il est établi que le coupable est incorrigible, mais il serait dangereux d'appliquer cette peine indistinctement à tous les condamnés à plus de dix-huit mois de prison, et déjà la loi actuellement en vigueur pour les travaux forcés est l'objet de critiques trop sérieuses pour pouvoir l'étendre aux criminels d'un ordre inférieur dès leur première faute [1].

1. *Le Courrier des tribunaux,* nº du 13 janv. 1881.

VIII

TÉMOIGNAGES DES MINEURS

« On ne détruit que ce qu'on remplace, » disait M. Gambetta dans un de ses derniers discours, et, c'est pour avoir négligé cette maxime dans son article sur les « témoignages des mineurs » que Me Pétrot me pardonnera mon franc parler[1].

Je comprends à merveille que l'état actuel de notre procédure criminelle soit l'objet d'une juste critique, que ces témoignages d'enfants entendus à titre de simple renseignement paraissent dangereux et puissent souvent donner des résultats déplorables; j'admets tous ces

1. V. n° 22 du *Courrier des tribunaux*.

exemples d'inintelligence de la part des enfants, de pression involontaire de la part des présidents sur ces jeunes esprits, mais, une fois la critique faite, une fois la vieille procédure détruite, par quelles nouvelles lois la remplacez-vous?

Nous ne reviendrions pas certainement à l'ancien adage : « *Testis unus, testis nullus* », n'est-ce pas? Supprimer un témoignage parce qu'il est unique, ce serait retomber dans les vieux errements?

Or, si nous admettons qu'un seul témoin suffise pour faire condamner un homme, il nous faudra bien reconnaître que la déposition d'un enfant a une certaine valeur, quel que soit l'âge de l'enfant et quelque peu développée que soit son intelligence? Nous ne pouvons donc pas, de prime abord, rejeter ce témoignage, si peu décisif qu'il nous paraisse, surtout s'il est isolé? Sinon, ce serait assurer l'impunité dans des attentats qui, la plupart du temps, n'ont pour témoin que la propre victime.

Il faut donc admettre l'audition du jeune témoin, au moins à titre de simple renseignement, et le législateur a agi sagement en ne voulant pas écarter ces dépositions qui sont quelquefois la seule arme restée dans les mains de la justice.

Il y a des abus, me répéterez-vous, et avec l'expérience que vous avez des affaires criminelles, vous me citerez exemples sur exemples. Je le sais et j'ajouterai que ces abus, vous les retrouverez aussi dans les témoignages de gens beaucoup plus en état de raisonner que des enfants.

Mais que faire? Faudra-t-il supprimer également l'audition des témoins majeurs, parce que des condamnations injustes auraient été prononcées à la suite de faux témoignages?...

Cessons donc de critiquer si, à côté du mal, nous n'apportons pas le remède.

Y a-t-il ici un remède? Peut-on remplacer après avoir détruit?

Le gouvernement a si bien compris qu'il fallait réformer le Code d'instruction criminelle qu'une commission a été formée en 1878 au ministère de la justice pour étudier et proposer un nouveau projet de loi tendant à étendre les droits de la défense au cours des instructions. Il est vrai que ce projet de loi attend, comme les autres, patiemment son tour et qu'il attendra encore probablement longtemps. Mais enfin c'est un premier pas, et il faut espérer que ce ne sera pas le dernier.

Les instructions modifiées, c'est là en effet où il faut aller chercher le remède, et non pas ailleurs. Je ne demanderai pas, comme la commission, l'autorisation pour l'avocat d'entendre les interrogatoires; je me contente de réclamer l'assistance de l'avocat dès le début de l'affaire, assistance fictive pendant les premières recherches de la justice, si le juge instructeur croit le secret nécessaire, mais active dès que la procédure est entrée dans une voie régulière; la commission, du reste, émet le même vœu dans les articles 1, 2 et 4 de son projet.

Cette modification suffirait pour permettre à l'avocat de prendre sa part dans l'instruction et de défendre utilement les intérêts de son client. Il n'a pas besoin, en effet, d'assister aux interrogatoires, ce qui serait pour lui une perte de temps considérable ; il lui suffit d'avoir communication des dépositions pour pouvoir, de son côté, diriger une contre-enquête et savoir quels sont les témoins que doit entendre le juge d'instruction sur la demande de l'accusé.

Bien plus, évitant ainsi toute occasion de discuter avec le magistrat instructeur, l'avocat reste maître de ses moyens d'action et n'a pas à craindre de livrer d'avance son plan de défense.

C'est donc beaucoup plus sur l'instruction que les critiques doivent porter que sur la procédure devant la cour d'assises.

Que devient en effet le rôle du témoin devant

le président d'assises après la réforme demandée?

Dans l'ancienne procédure, son témoignage arrivait à l'audience sans avoir subi l'examen de la défense, et c'était à peine si l'accusé pouvait lutter contre lui en invoquant la déposition des témoins à *décharge*, témoins dont personne, la plupart du temps, ne connaissait les intentions jusqu'au moment où le président leur accordait la parole.

Dans le système proposé, les dépositions du témoin sont contrôlées par l'avocat; le juge d'instruction est obligé de citer les personnes invoquées par la défense; les témoins appelés par les deux parties sont opposés et l'enquête se trouve ainsi combattue par la contre-enquête. Il n'y aura donc plus de surprise à craindre lorsque le président interrogera publiquement les témoins.

Vous me répondrez qu'il s'agit ici d'une accusation dans laquelle peuvent être cités de nombreux témoins, tandis que dans l'espèce dont nous parlions au début le témoin est unique : les réformes de la procédure n'apporteraient donc aucun avantage à la défense et ce témoignage d'un enfant reste comme une arme menaçante suspendue sur la tête de l'accusé.

Il est bien certain que l'avocat ne pourra pas créer des témoins si les témoins n'existent pas, mais c'est précisément la contre-enquête qui permettra de rechercher si réellement il n'y a pas de témoins, ou encore s'il y a eu chantage ou menaces, et vous m'accorderez facilement que l'avocat, en prenant connaissance des pièces de l'instruction à mesure qu'elles paraîtront, aura plus de facilités pour atteindre son but que lorsqu'il reçoit, comme aujourd'hui, le dossier quelques jours avant de plaider.

Mais si la contre-enquête reste infructueuse? — Est-ce une raison pour rejeter la déposition d'un enfant? La malheureuse victime n'a-t-elle pas d'autant plus de droit à la protection de la justice qu'elle est plus faible, plus inconsciente et vous, accusé, vous n'avez plus à repousser son témoignage lorsque vos recherches n'ont rien établi qui lui fut défavorable?

Si l'on a vu des hommes condamnés sur la déposition d'enfants vicieux et indignes de confiance (et ces condamnations sont encore rares), combien de fois avons-nous assisté à des spectacles bien autrement tristes? Combien de fois le président a-t-il été obligé d'éloigner l'enfant du regard de celui qui l'avait souillé parce que la victime n'osait plus accuser en se trouvant en face du coupable dont la vue seule la faisait encore trembler!

Restons les défenseurs de l'accusé, c'est notre devoir, mais ne sortons pas d'une juste limite et n'allons pas jusqu'à repousser le témoignage de l'enfant, parce que l'enfant est faible et qu'il est incapable de se défendre.

C'est donc, nous le répétons, à bon droit, que la loi accepte la déposition des enfants à titre de simple renseignement. Là ne se cache pas le mal : il est dans les instructions actuelles, et ce sont elles qu'il faut combattre.

IX

FOLIE ET SOMNAMBULISME

L'arrêt prononcé le 20 janvier dernier par la Chambre des appels de police correctionnelle en faveur d'un prévenu atteint de somnambulisme a été généralement approuvé dans la presse et le public. Il était équitable, en effet, de ne pas frapper d'une condamnation un homme qui était irresponsable.

Le prévenu a donc été mis en liberté, conformément à l'article 64 du Code pénal ainsi conçu : « Il n'y a ni crime ni délit, lorsque le prévenu était en état de démence au temps de l'action, ou lorsqu'il aura été contraint par une force à laquelle il n'a pu résister. »

Il semblerait, au premier abord, que cet article doit être à l'abri de toute critique, et, cependant, il est actuellement un objet de discussion pour la Société générale des prisons, qui trouve la loi incomplète.

Suivant elle, si les droits de l'accusé sont ici protégés avec juste raison, les droits de la société sont complètement mis de côté, et sa sécurité se trouve menacée. Que cet homme déclaré irresponsable tombe sous le coup d'un nouvel accès et qu'il commette un nouveau délit ou même un crime, aucune mesure n'a été prise pour éviter ce malheur qu'il était cependant facile de prévoir puisque le malade n'était pas guéri.

Or, avec la loi actuelle, les magistrats n'ont pas à s'expliquer sur cette question, et c'est à l'administration d'agir si elle croit qu'il y ait danger pour la société. L'article 18 de la loi de 1838 sur les aliénés donne aux préfets le droit d'ordonner le placement dans une maison d'aliénés lorsque l'état mental d'un individu peut compromettre l'ordre public : il y a ici mesure administrative et les magistrats n'ont pas à se prononcer : le concours des tribunaux n'est utile que dans le cas où l'aliéné guéri demande à sortir de la maison d'aliénés. (Art. 29, loi de 1838.)

La Société générale des prisons a trouvé là une lacune. Il arrive souvent que le malade, après avoir été acquitté, se trouve momentanément à l'abri d'un nouvel accès; que peut faire alors le Préfet de police? S'il soumet cet individu à l'examen d'un médecin, celui-ci déclarera nécessairement qu'au moment actuel la crise, soit de folie, soit de somnambulisme, a complètement disparu et qu'il n'y a pas lieu d'envoyer cet homme dans une maison de santé. Le préfet remet donc le malade en liberté. Tel n'est pas l'avis de nombreux jurisconsultes étrangers, et, si nous ouvrons le rapport présenté par M. Proust à la Société des prisons, nous voyons une législation spéciale régler cette question :

» Dans la Grande-Bretagne et en Irlande, c'est le jury qui est appelé, spécialement au grand criminel, à décider si l'accusé n'était pas sain d'esprit au moment de l'accomplissement de l'acte qui lui est reproché; il le dit en ces termes : « *Not guilty bein of unsound mind.* » Le juge a alors le droit de dire que l'accusé acquitté sera séquestré jusqu'à ce que le roi ait fait connaître son bon plaisir; dans ce cas, le ministre de l'intérieur donne l'ordre de recevoir l'aliéné dans un asile et de l'y conserver jusqu'à ce qu'il en ait été autrement ordonné... (Stat. 39 et 40, Geo. III, C. 94.) En ce qui concerne les inculpés jugés sommairement, c'est-à-dire qui ont commis des délits ne pouvant généralement entraîner plus de trois mois de prison, les jurisconsultes anglais estiment que théoriquement la cour de police a les mêmes pouvoirs que le jury, et que l'inculpé reconnu aliéné pourrait être mis à la disposition du secrétaire d'État; mais en pratique on n'agit pas ainsi et les petits délinquants sont renvoyés directement par le juge dans un asile public du comté, ainsi que cela a lieu pour les aliénés ordinaires... »

« ..... En Espagne, il n'y a pas de jugements par jurés, et le tribunal qui a reconnu l'irresponsabilité peut faire enfermer l'inculpé dans un asile s'il le considère comme pouvant être dangereux pour la société; l'autorité judiciaire intervient à la sortie, et, si la partie civile ou le ministère public s'y opposent, les tribunaux sont tenus, avant de rendre leur décision, de désigner les médecins qui rédigent un rapport spécial..... »

Nous pourrions citer encore les lois de Norwège et d'Amérique, mais ces exemples suffisent pour indiquer la lacune qui existe dans le code français.

Comment combler cette lacune? La Société de législation comparée voulait donner aux chambres d'accusation le droit de statuer en cette matière; la Société de médecine légale confiait ces pouvoirs aux corps judiciaires; enfin, le Congrès international de médecine mentale, réuni à Paris l'année dernière, voulait instituer des commissions administratives pour maintenir les aliénés dans les asiles.

M. Proust, après avoir examiné ces différentes propositions, est d'avis qu'il faut laisser à l'autorité administrative le soin de placer les aliénés, pour ne pas attaquer le principe de la séparation des pouvoirs; il croit en outre que l'institution de commissions est inutile, « les préfets étant libres, s'ils le jugent convenable, de s'entourer des lumières d'hommes compétents. » Mais ce qu'il demande, c'est le droit pour le ministère public de désigner aux préfets ceux des aliénés acquittés qui peuvent être séquestrés. « Le principe de la séparation des pouvoirs est ainsi sauvegardé, et, pour éviter l'inconvénient d'une résistance possible de la part de l'administration, nous avons admis que le ministère public aurait le droit de requérir l'internement, et que le préfet serait tenu de se conformer provisoirement aux réquisitions qui lui seraient adressées. »

Nous ne pousserons pas plus loin l'étude de ce rapport, en premier lieu parce que la Société des prisons ne s'est pas encore prononcée, et en second lieu parce que ces courtes citations montrent suffisamment que la loi est imparfaite.

Rien ne serait plus dangereux que de maintenir ce principe de mise en liberté d'un accusé, parce qu'il était irresponsable au moment du crime. Que ce soit un monomane ou un somnambule (et le somnambulisme est une espèce de folie, si nous nous en rapportons au traité de M. le Dr Legrand du Saulle, publié en 1864, sur la *Folie devant les tribunaux,* traité dans lequel il est question aussi bien de somnambulisme que de folie), l'homme ainsi privé de responsabilité est un objet d'inquiétude pour la société et il ne doit être remis en liberté que lorsque les médecins auront reconnu qu'il est complètement guéri ; je dis les médecins et non pas les jurés ou magistrats, car il y a ici un examen médical à faire, et ce n'est pas à un tribunal pas plus qu'à un jury de trancher la question, les expériences sembleraient-elles convaincantes à ces jurés ou à ces magistrats.

« Les malades atteints de délire partiel et ayant commis des actes justiciables des tribunaux, dit le Dr Legrand du Saulle, seraient donc, après information judiciaire et médico-légale, conduits dans les *quartiers de refuge*, et l'autorité, en fixant le temps de la séquestration, pourrait prendre pour base la durée de la peine encourue... »

Ceci est un autre ordre d'idées, et nous ne citions l'opinion du docteur que pour constater qu'il était opposé aux mises en liberté malgré l'acquittement.

En résumé, la proposition de M. Proust permettra de protéger les intérêts de la société tout en respectant la liberté individuelle dans une juste mesure, et nous aurons moins à craindre de voir se répéter des actes comme ceux qui jetaient le trouble, l'année dernière, au Conseil d'État et au Palais de Justice lorsqu'un monomane, remis en liberté, tirait, à deux reprises différentes, des coups de pistolet en pleine salle des Pas-Perdus sous prétexte que justice ne lui était pas faite assez promptement à son gré. « Quelques mois après, ce même individu se rendit coupable d'un faux parfaitement caractérisé ; il s'était donné à lui-même, en empruntant le nom de son créancier, quittance d'une somme de 15 à 20,000 fr. ; la justice le poursuit ; le médecin expert, dans un rapport qui fut, à juste titre, très remarqué, fut d'avis que l'accusé avait parfaitement ses idées et qu'on devait le considérer comme étant, dans une assez grande mesure, responsable de ses actes ; le jury a été appelé à statuer, et, en présence des antécédents de santé, il a rapporté un verdict de non-culpabilité. Il n'y avait rien à faire, ajoute M. Proust, toutes les ressources de la législation étaient épuisées, et cet homme, aujourd'hui libre de ses mouvements, menace la société de ses hallucinations. »

C'est un exemple que nous citons entre mille, et, en vérité, il est inutile d'insister pour démontrer l'urgence de cette réforme : l'arrêt de la Chambre des appels correctionnels est d'hier, et ce ne sera pas le dernier; il faut donc se hâter d'agir pour que la société ne se trouve pas désarmée vis-à-vis de ces malheureux, dignes de pitié, mais dangereux s'ils ne sont pas surveillés avec la plus grande sollicitude[1].

1. *Courrier des tribunaux*, numéro du 4 février 1881.

X

LA CAISSE DES PUPILLES

DE LA VILLE DE PARIS

Il ne faut pas laisser passer la dernière séance de la Société générale des prisons sans dire un mot des discussions intéressantes qui ont été soulevées dans cette soirée du 11 janvier. Le bulletin de la Société des prisons n'est guère connu que des souscripteurs, encore en trop petit nombre malheureusement; c'est donc pour nous un devoir que de donner la plus grande publicité possible aux travaux si généreusement entrepris par cette Société et toutes celles qui visent au même but.

La dernière réunion a été d'autant plus

digne d'attirer l'attention qu'il s'agissait d'examiner le projet voté par le Conseil municipal de Paris pour venir en aide aux enfants abandonnés matériellement ou moralement.

C'est un grand pas dans cette voie de réformes; et si plusieurs points du programme peuvent être critiqués, comme il arrive dans toute création nouvelle, il faut se hâter de reconnaître que le principe est excellent.

Paris fourmille d'enfants à moitié abandonnés par leurs parents qui ne peuvent ou ne veulent pas les élever; ces *Arab boys,* comme les appellent les Anglais, ces *demi-vagabonds*, comme nous les surnommions dans notre petit livre sur l'éducation correctionnelle, sont la mine inépuisable qui va remplir les maisons de correction, pour renouveler ensuite la population des maisons centrales et des bagnes.

Le Conseil municipal de Paris a voulu mettre un frein à ce désordre, et, sur le rapport de M. Prétet, il a voté la fondation d'un établissement qui permettra de recueillir les enfants ainsi abandonnés.

« Le projet de M. Prétet (dit M. le secrétaire général des prisons), consistant à créer un certain nombre de bourses dans les pensionnats, a été adopté par le Conseil municipal dans sa dernière session. Il offre cet avantage d'être immédiatement réalisable et de limiter les dépenses aux prix d'entretien, arrêtés d'avance, de boursiers dans les établissements dont les conditions ont été acceptées. »

Le Conseil municipal a voté une somme de 100,000 fr. pour mettre à exécution ce projet, sous le nom de « Caisse des pupilles de la ville » de Paris... »

Le principe est donc excellent : malheureusement nos conseillers municipaux, emportés par leur ardeur de laïcisation, ont été peut-être trop vite en besogne.

L'éducation religieuse a été mise de côté et c'est une faute : nous nous permettrons à ce sujet de reproduire ce que nous écrivions l'année dernière :

« ... En ce qui touche l'éducation religieuse, suivant notre opinion personnelle, chaque enfant doit être élevé dans les croyances qui l'ont vu naître.

» Mais s'il a été élevé en dehors de toute idée religieuse? objecterez-vous.

» Ici nous touchons à une question délicate; mais l'État ne peut s'appuyer que sur la loi. Or, *actuellement*, trois cultes seuls sont reconnus officiellement : il est donc difficile de choisir ailleurs.

» Du reste, ce n'est pas à douze ans qu'un enfant peut avoir l'esprit assez ouvert pour se lancer dans les questions philosophiques et préférer une religion à une autre, ou même n'en accepter aucune, quoi qu'en disent aujourd'hui certains esprits.

» Il faut donc que l'État, remplaçant le père de famille, donne les principes d'une religion quelconque aux enfants qu'il élève.

» Actuellement, la population française est encore en majorité catholique, ou au moins gallicane : c'est donc à cette religion qu'il faudra se reporter si l'enfant n'a pas été recueilli par des protestants ou des israélites, qui seraient libres alors de donner à l'enfant les principes qu'ils jugeraient les meilleurs (à la condition, bien entendu, qu'il ait été constaté que l'enfant n'appartenait jusqu'à ce moment à aucune religion).

» Si plus tard l'enfant, devenu homme, croit avoir été mal dirigé, il aura toujours la liberté de modifier les premiers enseignements qu'il a reçus; mais il n'est pas admissible que l'État, en prenant la responsabilité d'élever un enfant, ne lui donne pas une instruction religieuse, ne serait-ce que pour lui apprendre la distinction du bien et du mal, sauf à l'enfant, encore une fois, à modifier, en grandissant, son plan de conduite, s'il croit avoir trouvé une voie préférable à suivre pour rester honnête homme.

» Toute religion est respectable quand elle a pour base la morale, et pour moyen d'action le devoir..... » (*L'Éducation correctionnelle en Angleterre, aux États-Unis et en France*, p. 60.)

La délibération du conseil municipal ne modifiera pas notre opinion sur ce point, lorsqu'il s'agit surtout d'entreprendre *entièrement* l'éducation d'un enfant. Créez, si vous le voulez, une nouvelle religion qui sera celle des libres-penseurs ou toute autre, mais, tant qu'il n'existera que trois religions reconnues par l'État, il n'est pas possible que l'État ou une ville élève des enfants sans leur donner des notions de morale : mieux vaut les laisser à leurs parents, si, au point de vue moral, ils ne doivent rien apprendre dans les écoles municipales! Donner à un enfant les moyens de gagner sa vie, ce n'est pas suffisant; il faut qu'on lui enseigne à gagner sa vie honnêtement, et nous ne supposons pas que ce soit en maniant un outil que l'enfant devinera la ligne à suivre pour devenir un honnête ouvrier.

Voilà où mènent les discussions religieuses : des deux côtés il y a exagération et personne ne veut faire les premières concessions : on arrive ainsi à des scissions regrettables dont les premières victimes sont des malheureux qui n'en peuvent mais.

Nous comprenons que le gouvernement entende être le maître chez lui et il n'y a pas lieu de le blâmer lorsqu'il agit énergiquement contre les rebelles, de quelque côté qu'ils viennent, mais il faut prendre garde d'aller trop vite et de faire *table rase* avant d'avoir tout préparé pour remplacer ce que l'on veut détruire.

Or, ici le conseil municipal se trouve dans la nécessité de laisser ses pupilles sans aucune éducation religieuse, parce qu'il ne veut plus des anciennes religions et qu'il n'a pas créé une religion nouvelle, serait-ce la religion de la négation.

Mais cette décision n'est pas sans appel et nous connaissons assez les sentiments de nos confrères faisant partie du conseil municipal, pour être persuadé qu'ils modifieront leur règlement au moins pour les enfants complètement abandonnés[1].

1. *Courrier des tribunaux*, n° du 12 février 1881.

XI

PROJET DE LOI

PRÉSENTÉ A LA SOCIÉTÉ GÉNÉRALE DES PRISONS

LA RÉHABILITATION

AU CRIMINEL ET AU CORRECTIONNEL

Le vrai repentir a une pudeur qui craint la publicité.

La procédure actuellement exigée par la loi pour obtenir la réhabilitation en matière criminelle ou correctionnelle est-elle à l'abri de toute critique et donne-t-elle des résultats satisfaisants, ou bien, au contraire, notre législation a-t-elle des exigences telles qu'il soit très difficile pour le condamné de se réhabiliter, et, s'il en est ainsi, pourrait-on proposer une modification à nos lois?

Qu'est-ce que la réhabilitation du condamné en matière criminelle ou correctionnelle? C'est sa réintégration, pour l'avenir, dans les droits qu'il avait perdus par suite de sa condamnation.

Je ne ferai pas ici l'historique de la réhabilitation pour deux raisons : la première, c'est que ce travail sera lu par des personnes auxquelles je n'ai rien à apprendre, surtout dans les questions de droit; la seconde, c'est que notre dessein doit être principalement d'examiner la loi actuelle pour la modifier s'il y a lieu, et que, par suite, toute étude en dehors de ce programme deviendrait superflue.

Nous nous rappellerons seulement que les principes de la réhabilitation se retrouvent dans toutes les anciennes législations.

En Grèce, les personnes frappées d'infamie ne pouvaient être réhabilitées que par une assemblée composée au moins de six mille citoyens. A Rome, sous la République, c'était encore l'assemblée du peuple qui prononçait la réhabilitation. Sous l'Empire, tout est changé et la réhabilitation devient une prérogative impériale : le prince peut ou remettre simplement la peine, c'est la grâce, ou rendre au condamné une partie de ses droits, c'est une grâce plus complète, *restitutio*, ou bien lui rendre toutes ses capacités, c'est la *restitutio in integrum*.

Si nous passons à la réhabilitation dans l'ancien droit français, nous retrouvons, au moins dans les premiers siècles, l'intervention du peuple. Puis ce sont les seigneurs qui cherchent à lutter contre le pouvoir royal et entendent exercer le droit de grâce. Mais, dès le douzième siècle, « les jurisconsultes posèrent en principe que le droit de grâce n'appartenait qu'au prince et que si quelque autre l'exerçait, ce n'était que par délégation. » Une prérogative royale se forma ainsi sur le modèle du pouvoir impérial de Rome, et, en principe au moins, le droit de grâce devint régalien. Il fut bien encore exercé par de puissants seigneurs, usurpé par quelques légats, délégué à des princes du sang et concédé à de grands officiers par les rois eux-mêmes; la royauté eut plus d'une fois à revendiquer ses droits contre la persistance des usurpations; mais la constante répression des abus et la prudence jalouse avec laquelle les légistes limitèrent ces concessions, maintinrent la suprématie de la prérogative royale, et finirent par en assurer le triomphe. (E. Lair, *De la réhabilitation.*)

En 1670, nous voyons la réhabilitation ôter la note d'infamie et l'incapacité d'agir civilement, à la condition toutefois, pour le condamné, d'avoir satisfait à la peine, amende et intérêts civils. Mais, comme la réhabilitation dépend presque entièrement du pouvoir royal, on peut dire que, jusqu'en 1791, elle est véritablement une sorte de grâce.

Voici 1791 : « La Constituante abolit le droit de grâce comme inutile et dangereux pour tous les crimes jugés par les jurés et le transporte, pour les autres, à l'autorité judiciaire. Il fallait, dès lors, que le droit de réhabilitation, s'il était conservé, changeât également de caractère : le moment était venu où il allait enfin le distinguer de la grâce. » (Lair.)

Ici, il devient utile d'aller moins vite. Le droit pénal va changer de voie, grâce à l'influence première de Beccaria, et la grande théorie de l'amendement du coupable commence à avoir des partisans : les lois ne seront plus faites dans le but unique de punir, mais aussi dans celui de réformer.

Les législateurs de 1791 sont tellement pénétrés de ce principe, que la réhabilitation est considérée par eux comme le complément nécessaire du nouveau système pénal.

Malheureusement, ils vont trop loin. Admirateurs des temps antiques, ils veulent que la nation régénérée reprenne les mœurs des peuples anciens. C'est ainsi qu'ils se reportent à la réhabilitation sous la république athénienne :

la cérémonie imposante des six mille citoyens relevant le coupable apparaît à leurs yeux comme un spectacle auguste : il leur faut une solennité avec le même éclat. On crée le baptême civique : c'est publiquement que l'homme repentant sera réhabilité, de même qu'il avait été publiquement dégradé, idée pleine de grandeur et qui trouve encore aujourd'hui des défenseurs.

Mais est-elle pratique?

Nos mœurs sont-elles celles de Rome? La nature de l'homme ne s'est-elle pas modifiée en traversant les siècles?

Évidemment oui, et c'est pour ne pas avoir tenu compte de ce changement dans les usages, que nos législateurs de 1791 dépassèrent leur but et furent désavoués par leurs successeurs dans un grand nombre des lois nouvelles.

La cérémonie du baptême civique est un exemple de cet excès d'amour pour l'antiquité.

« Devant le tribunal, en audience publique,

les officiers municipaux donnaient lecture du jugement de condamnation et disaient à haute voix : « Un tel a expié son crime en subissant » sa peine; maintenant sa conduite est irré» prochable : nous demandons, au nom de son » pays que là tache de son crime soit effacée. » Sans aucune délibération, le président prononçait ces mots : « Sur l'attestation et la demande » de notre pays, la loi et le tribunal effacent » la tache de votre crime. » (Code pénal des 25 septembre, 6 octobre 1791, 1re partie, titre VII, art. 1 à 8.) C'était, on le voit, la municipalité qui prononçait en réalité et la justice n'intervenait que pour enregistrer sa décision. » (Lair.)

Et voici maintenant l'opinion que développe M. Lair dans sa thèse de doctorat, thèse justement remarquée et citée par M. Faustin-Hélie.

« Ce système, vive image du temps, ne manquait pas d'une certaine grandeur. Mais indépendamment de la part trop faible laissée à l'autorité judiciaire, dans un acte qui a surtout besoin de la grave autorité et de l'imposante consécration de la justice, indépendamment de la sévérité des formes, de l'épreuve bien longue de dix années, il cachait un vice profond. En entourant ainsi la réhabilitation de solennité et comme « d'une certaine pompe », la Constituante croyait en relever le caractère « et la rendre plus féconde. » (M. Bonneville, *Inst. compl. du rég. pénitentiaire.*) Elle se trompait. *Le vrai repentir a une pudeur qui craint la publicité.* La lecture publique de la condamnation, la présence nécessaire du condamné et la cérémonie quelque peu théâtrale dont il était l'objet, rendaient pour beaucoup la réhabilitation peu désirable; et ce ne fut pas l'un des moindres obstacles au développement de cette institution que ces solennités « dangereuses, comme l'a dit M. Langlois dans son rapport sur la loi de 1852, si elles tendaient à humilier le condamné; immorales, si elles se proposaient de le glorifier. »

Le vrai repentir a une pudeur qui craint la publicité. C'est pour avoir méconnu cette vérité, que les législateurs de 1791, comme ceux de 1808 et de 1852, ont pu manier et remanier cette loi de réhabilitation et voir leurs efforts rester infructueux.

Considérez les nombreuses formalités que le condamné doit remplir aujourd'hui pour obtenir sa réhabilitation et demandez-vous si un homme osera affronter une semblable publicité pour rentrer dans ses droits, quand tous ses efforts ont tendu jusqu'alors à faire oublier sa faute par son repentir et aussi par le secret le plus absolu au sujet de sa condamnation.

« Il faut d'abord que le condamné adresse sa demande au procureur de la République de l'arrondissement où il réside en faisant connaître : 1° la date de sa condamnation ; 2° les lieux où il réside depuis sa libération. Même s'il s'est écoulé depuis cette époque un temps plus long que le délai strictement nécessaire

(5 ans pour les crimes, 3 pour les délits), le procureur de la République provoque par l'intermédiaire du sous-préfet, des attestations délivrées par les conseils municipaux des communes où le condamné a résidé. Eût-il résidé dans un grand nombre de communes, les conseils municipaux de toutes ces communes doivent être consultés. Ils délivrent des attestations faisant connaître : *a* la durée de la résidence du condamné dans chaque commune; *b* sa conduite pendant la durée de son séjour; *c* ses moyens d'existence pendant ce temps. *Ces attestations doivent contenir la mention expresse qu'elles ont été rédigées pour servir à l'appréciation de la demande en réhabilitation* (art. 624)..... Puis le procureur de la République prend l'avis des maires des communes et des juges de paix des cantons où le condamné a résidé, ainsi que celui du sous-préfet de l'arrondissement; toutes mesures destinées à répandre le plus de jour possible sur la conduite du demandeur, et à éclairer ainsi la dé-

cision de justice. Il se fait délivrer encore une expédition de l'arrêt de la condamnation, un extrait des registres des lieux où la peine a été subie, constatant quelle a été la conduite du condamné et il transmet les pièces, avec son avis, au procureur général près la Cour dans le ressort de laquelle le condamné réside. Le procureur général dépose les pièces au greffe de la Cour..... Dans les deux mois du dépôt, l'affaire est rapportée à la chambre d'accusation; le procureur général donne ses conclusions motivées et par écrit..... La Cour, le procureur général entendu, donne son avis motivé..... S'il est favorable, il est, avec les pièces produites et dans le plus bref délai, transmis par le procureur général au ministre de la justice. Celui-ci peut, s'il n'est pas suffisamment éclairé, consulter la Cour ou le tribunal qui a prononcé la condamnation; puis il fait son rapport au chef de l'État qui statue. » (Lair.)

L'insertion de la demande dans les journaux a été supprimée, mais je crois que ce complément de publicité est largement remplacé par la loi actuelle.

Eh bien ! sérieusement, quel est l'homme qui osera affronter une semblable procédure ?

Nous tous qui sommes si souvent les confidents de ces malheureux, nous les voyons arriver, baissant encore la tête sous le coup d'une condamnation dont la flétrissure remonte quelquefois jusqu'à leur jeunesse. Que leur répondons-nous quand ils nous supplient de les faire réhabiliter?

« Vous avez passé votre vie à réparer votre faute; aujourd'hui riche, indépendant, vous êtes un des personnages les plus importants de votre commune; personne ne connaît votre condamnation; vos enfants eux-mêmes ignorent que vous êtes un ancien réclusionnaire. Et, cependant, si un devoir civique ou de famille exige votre participation, il faut que vous cherchiez un biais, un mensonge pour vous dérober à ce devoir : vous ne pouvez même pas aller voter avec vos fils! — C'est la vérité, répond le malheureux, les larmes aux yeux ; aussi je vous en conjure, faites-moi réhabiliter ! — Vous faire réhabiliter !... Mais vous ne savez pas que pour effacer judiciairement cette tache d'infamie que votre repentir a fait disparaître aux yeux de vos concitoyens, il faut la faire revivre tout entière : il faut que les personnes les mieux posées dans votre commune et dans toutes celles où vous avez vécu depuis votre libération, sachent que vous avez été condamné et pourquoi vous avez été condamné, il faut qu'elles délibèrent sur votre vie tout entière; il faut que les magistrats, du juge de paix aux conseillers, examinent votre passé jusqu'en ses coins les plus cachés; il faut enfin que le chef de l'État, après le ministre de la justice, voie s'il y a lieu de vous réhabiliter? Ce n'est pas tout. Si la fatalité veut que l'avis de ces autorités vous soit défavorable, vous ne pourrez faire une nouvelle demande que dans deux ans.

» Mais le coup est porté : réhabilité ou non, vous êtes maintenant, pour vos concitoyens, l'ancien réclusionnaire qui vient mendier un lambeau d'honneur, et, s'ils vous l'accordent, croyez-vous qu'ils vous garderont leur estime comme avant votre demande?... A vous maintenant de juger si vous devez adresser votre requête au procureur de la République. » — Et le malheureux s'éloigne tristement sans répondre.

Tels sont les bienfaits de la civilisation : autrefois on marquait le condamné au fer rouge, mais de telle sorte que la fleur de lis restait dissimulée sous les vètements : aujourd'hui nous avons supprimé cette coutume barbare, mais nous l'avons remplacée par la *marque morale :* celle-là se dissimule plus difficilement, et quand le condamné a tout fait pour expier son crime, hommes généreux que nous sommes, nous exigeons de lui qu'il vienne étaler sa honte publiquement!

Aussi vous pouvez consulter la statistique et vous verrez qu'en 1856 il y a bien 49 réhabilitations, mais que la même année donnait

40,345 récidives! Tel est le résultat du régime actuel.

De 1848 à 1852, il faut constater, cependant, que la moyenne des réhabilitations s'était élevée à 82 par an, pour retomber, après le 6 juillet 1852, à une moyenne de 55.

D'où venait cette augmentation subite, arrêtée ensuite si promptement?

Le gouvernement de 1848, justement ému du petit nombre de réhabilitations demandées chaque année (20 par an en moyenne) et de l'impossibilité absolue qui empêchait les condamnés à des peines correctionnelles de se réhabiliter, rendit, le 18 avril 1848, un décret qui, non seulement admettait ces condamnés à la réhabilitation, mais facilitait leur rentrée dans leurs droits civiques.

« D'après ce décret, tout condamné correctionnellement pouvait obtenir sa réhabilitation trois ans après l'expiration de sa peine, pourvu qu'il fût domicilié depuis deux ans accomplis dans la même commune. Il devait adresser directement sa demande au procureur général de la Cour dans le ressort de laquelle la condamnation avait été prononcée, et y joindre des attestations de bonne conduite délivrées par les maires des communes qu'il avait successivement habitées, approuvées par les sous-préfets. Mais ce décret, sans motifs, renversait l'ancien système, supprimait l'intervention des cours de justices et du chef de l'État, et concentrait les attributions des trois pouvoirs aux mains du ministre de la justice, qui statuait sur le simple avis du procureur général. » (Lair.)

J'admets cette critique et je reconnais que le gouvernement de 1848 allait peut-être trop loin, mais ce n'était pas une raison, en 1852, pour revenir aux anciens errements en rétablissant toute cette procédure si compliquée et si défavorable aux intérêts du condamné.

« La réhabilitation est une justice rendue au condamné, tandis que la grâce est un acte de clémence », disait M. Debelleyme en 1852. Ainsi la réhabilitation n'est plus le complément de la grâce ; elle est le prix de l'expiation et du repentir, le complément de la justice même.

« Tel est l'esprit de la loi nouvelle, dit M. Lair. Il semble, dès lors, qu'elle aurait dû faire de la réhabilitation l'objet d'un véritable recours de droit, et s'en remettre aux tribunaux du soin de la prononcer. »

Et M. Lair est dans le vrai. L'intervention du chef de l'État nous rejette dans l'ancien droit, et la réhabilitation accordée par lui devient « un acte mixte quant à la forme, participant à la fois, sous ce rapport, de la restitution légale et de la restitution gracieuse ».

Si donc les législateurs de 1848 avaient dépassé le but, il fallait modifier la loi, mais dans le même sens. « Il est à regretter peut-être, disaient MM. Chauveau et Hélie, que cette faculté de la réhabilitation à laquelle notre dernière loi pénale a apporté de notables améliorations, et qui pouvait exercer une si forte influence sur l'amendement moral des condamnés, soit encore entravée par trop de formes et de solennités. »

Nous arrivons au but que je me proposais en commençant cette étude : ces formes et ces solennités peuvent-elles être remplacées par une procédure moins compliquée et tout aussi prudente ?

Je parle de prudence et ce n'est pas sans raison. Si, en effet, la position du condamné repentant est pleine d'intérêt, il ne faut pas non plus négliger la sécurité publique. Il ne faut pas que l'homme flétri, une fois réhabilité, soit pour ses concitoyens un sujet de crainte ou de danger. La réhabilitation ne doit donc être prononcée qu'avec la plus grande prudence et à bon escient.

Voyons si, en prenant dans les anciennes lois ce qui nous paraîtra le plus utile, nous n'arriverons pas à former une nouvelle loi tout aussi protectrice des citoyens et en même temps plus favorable aux condamnés repentants.

Je le disais tout à l'heure : le grand tort des

législateurs a été jusqu'à ce jour de ne tenir aucun compte de ce sentiment si naturel du repentir : *la pudeur qui craint la publicité.* Peut-on concilier ce principe avec l'intérêt général ?

Quel doit être le but à rechercher pour rendre la réhabilitation utile pour le condamné et exempte de danger pour la société? Il faut, avant tout, être bien certain que l'homme a un repentir sincère.

Où trouver la preuve de ce repentir si ce n'est dans la manière de vivre de cet homme depuis sa condamnation?

Cette preuve, est-ce le certificat donné par un conseil municipal qui nous la fournira d'une façon absolue? Je ne le pense pas. Sur quelles raisons ce conseil formera-t-il son opinion? Comment arrivera-t-il à reconnaître qu'il a en face de lui un honnête homme? En consultant le passé du demandeur.

Si, depuis sa libération, il n'a pas encouru de nouvelles condamnations, si sa conduite n'a donné lieu à aucun reproche grave, le condamné aura prouvé son repentir.

Mais comment arrivera-t-on à faire cette enquête? En consultant, avant tout, le casier judiciaire, cette nouvelle création si utile, et en constatant que depuis la dernière condamnation la feuille porte le mot *néant*.

Je me demande alors s'il est indispensable pour arriver à ce résultat de réunir un conseil municipal tout entier et si l'enquête sera mieux faite par lui que par le parquet; je me demande si, une fois le casier judiciaire consulté, l'attestation d'un maire, approuvée par le sous-préfet et même le juge de paix, n'est pas suffisante pour permettre au parquet de faire une instruction satisfaisante et aux magistrats de se prononcer sans avoir à craindre de rendre un arrêt malheureux.

Prenons un exemple : X... a été condamné à 5 ans de réclusion et à 5 ans de surveillance de la haute police.

Il fait sa peine et reste sous la surveillance

pendant 5 ans; total 10 ans. Au bout de 5 ans, X... fait sa demande en réhabilitation, ce qui fait *15 ans*.

Le procureur de la République constate que depuis la libération il n'y a pas eu de nouvelles condamnations et que le maire, le juge de paix et le sous-préfet tiennent le demandeur pour un honnête homme. De plus, prenant plus loin ses informations, le parquet apprend que, pendant la durée de sa peine, le condamné a été un bon sujet : ce faisceau de renseignements n'est-il pas suffisant pour établir le repentir de X...? Quinze ans d'expiation, n'est-ce pas quelque chose?

Enfin, les magistrats de la Cour, après un rapport du procureur général, trouvent l'instruction favorable : un arrêt rendu par eux peut-il laisser quelques doutes, non seulement lorsque toutes les réparations pécuniaires ont été remboursées, mais lorsque le repentir est évident pour tous ces magistrats?

J'ouvre une parenthèse au sujet de la question d'argent : actuellement le certificat d'indigence ne peut pas remplacer le remboursement des frais. C'est encore une loi à rayer de nos codes. Avec ce système, ne se réhabilite que le riche, principe déplorable.

Est-il besoin d'aller plus loin? Je crois la discussion suffisamment étendue, et j'arrive à mes conclusions, tout en m'excusant de présenter un travail si peu digne d'une question aussi grave.

Je les résume en un projet de loi :

Les articles 619, 620, 621 et 622 du Code d'instruction criminelle restent tels qu'ils sont.

Il en est de même pour l'article 623 en ajoutant : « A défaut de cette justification, il doit établir qu'il a subi le temps de contrainte par corps déterminé par la loi, ou que la partie a renoncé à ce moyen d'exécution, *ou qu'il est dans l'indigence* ».

Dans l'article 624 les attestations délibérées par les conseils municipaux sont remplacées par les *attestations délivrées par les maires, approuvées par le sous-préfet et le juge de paix.* Le paragraphe ayant rapport à la mention du but de l'attestation est supprimé.

Les articles 625, 626 et 627 restent tels qu'ils sont.

L'article 628 est ainsi modifié : *La cour statue sur le rapport du procureur général.*

L'article 629 est ainsi modifié : *Si la cour rend un arrêt défavorable.*

Les articles 630, 631 et 632 sont abrogés.

L'article 633 est ainsi modifié : *Les lettres de réhabilitation sont expédiées par la cour qui a rendu l'arrêt.*

L'article 634 n'est pas modifié.

En résumé, la loi ainsi transformée n'atteint en rien la sécurité publique, grâce à ce casier judiciaire qui n'existait pas autrefois, et le condamné repentant peut tenter de se faire réhabiliter sans avoir à craindre de rouvrir une plaie fermée depuis longtemps.

Je n'ai voulu parler ni des peines infamantes, en ce qu'elles ont de critiquable dans leur réunion souvent peu logique, ni des questions de récidive bien discutables, elles aussi, parce que j'ai pensé, comme le dit si sagement M. Faustin-Hélie, « que les réformes qui s'écartent le moins des pratiques reçues sont celles qui ont le plus de chances d'être accueillies, et que, si elles apportent au mal un remède suffisant, il vaut mieux les employer ».

Que les Chambres acceptent d'abord ce projet, en admettant que la Société générale des prisons le juge raisonnable; plus tard, s'il y a lieu de faire de nouvelles modifications, il en sera toujours temps, et l'expérience servira à perfectionner les premiers travaux.

Mais n'oublions pas, en terminant, qu'actuellement la loi sur la réhabilitation est une loi inutile, puisque le nombre des réhabilités est dérisoire, et que cependant cette loi est absolument nécessaire si nous voulons faire réussir notre nouveau régime pénitentiaire dont le principe se résume dans ces deux mots : *repentir* et *pardon!*

XII

DE LA RÉHABILITATION

EN MATIÈRE CRIMINELLE OU CORRECTIONNELLE

(1er *Article*).

Parmi les réformes nombreuses qui sont en ce moment à l'étude pour modifier nos lois pénales, il en est une qui demande une prompte solution : c'est la réhabilitation au criminel et au correctionnel.

La Société générale des prisons s'est fixé un programme et il lui tarde de l'accomplir dans tous ses détails : ce programme, c'est la moralisation des condamnés. Mais, pour arriver à ce but, il ne suffit pas de faire pénétrer dans les prisons un régime moralisateur; il faut encore que le condamné, à l'expiration de sa peine, trouve une main secourable pour lui éviter de retomber dans de nouveaux écueils. Les sociétés de patronage se forment de tous côtés et viennent en aide aux libérés repentants : déjà cette influence bienfaisante a fait sentir ses effets sur bien des natures plus faibles que perverties : ce résultat n'est pas suffisant, et il manque, pour compléter ce programme, un stimulant qui rendrait la tâche beaucoup plus facile, si les législateurs acceptaient la réforme que lui demandera prochainement la Société des prisons.

Nos lois pénales, à juste raison, ne se contentent pas de frapper les coupables d'une peine afflictive; elles les poursuivent jusque dans leurs droits de citoyens, et elles ne veulent pas qu'un homme qui a manqué à l'honneur puisse, dès qu'il a expié sa faute, marcher au même rang que ceux qui n'ont pas failli. Il faut que le repentir se soit manifesté d'une manière certaine pour que les traces du crime soient entièrement effacées. C'est dans ce but que nos législateurs ont imposé au libéré repentant la procédure de la réhabilitation.

L'idée, excellente en théorie, n'était pas nouvelle et elle existait dans toutes les législations anciennes. Malheureusement, au point de vue pratique, notre loi de réhabilitation fut mal faite : les demandes en réhabilitation sont en effet assez rares, et si, actuellement, ces demandes ont augmenté parmi les condamnés vivant dans une position modeste, elles ne peuvent pas tenter ceux que la fortune et le travail ont élevés au-dessus de leur ancienne condition.

C'est que nos législateurs de 1791, admirateurs des lois grecques et romaines, voulurent remettre en honneur tous ces actes solennels qui entouraient la réhabilitation à Athènes et à Rome. Ils créèrent le *baptême civique* : l'homme repentant était réhabilité publiquement, de même qu'il avait été publiquement dégradé, idée pleine de grandeur, mais en complet désaccord avec les mœurs actuelles.

Cette loi ne pouvait avoir qu'une existence éphémère; elle fut modifiée en 1808, en 1848, et enfin en 1852. Mais si les cérémonies publiques étaient supprimées, le principe qui avait guidé les législateurs de 1791 ne survécut pas moins à toutes ces modifications : nous le retrouvons dans l'article 624 du Code d'instruction criminelle. Les conseils municipaux, réunis pour délivrer au demandeur une attestation de bonne conduite, doivent être avertis d'une manière expresse qu'il s'agit là d'une demande en réhabilitation : en un mot, c'est le passé tout entier de leur concitoyen qu'ils doivent juger, et cet examen comprend, non seulement le temps passé dans la commune, mais tous les détails de l'expiation et les causes de la condamnation. Bien plus, si le demandeur a vécu dans plusieurs communes depuis sa libération, il faut que les conseils municipaux de toutes ces communes délivrent une attestation.

Prenons la question au point de vue réel : cette loi est inexécutable pour le plus grand nombre. Nous le disions tout à l'heure : qu'un ouvrier, dans sa position modeste, puisse affronter cette procédure publique, c'est encore possible; mais qu'un homme qui est arrivé, avec beaucoup de temps et surtout beaucoup de silence sur son passé, à faire oublier sa faute, ne recule pas devant la perspective de cette confession publique, c'est demander à la nature humaine plus qu'elle ne peut donner!

Et il ne faut pas croire que nous parlons ici de cas exceptionnels. Combien avons-nous vu, dans nos cabinets d'avocats, de ces hommes, jouissant dans le monde d'une réputation incontestée, venir nous avouer secrètement qu'ils avaient été condamnés, souvent pour une faute de jeunesse, et nous supplier de les faire réhabiliter. Combien de ces malheureux ont reculé à la pensée de dévoiler tout leur passé! C'est que la considération qu'ils avaient acquise par des années de repentir, ils sentaient bien qu'elle allait leur échapper et que cette réhabilitation civile, c'était leur condamnation morale!

Allez persuader à un homme du monde qu'un ancien forçat réhabilité est son égal : on rira de vous et on tournera le dos à ce malheureux qui, encore hier, était votre hôte. C'est un préjugé, si vous voulez, mais les préjugés ont souvent force de loi, dans le monde, et il ne faut pas s'étonner alors que la réhabilitation trouve si peu d'adeptes dans la société.

L'article 624 n'est donc pas en rapport avec nos mœurs actuelles, et il doit être modifié.

Cette modification n'offre même pas de grandes difficultés. En effet, depuis la création des casiers judiciaires, il est permis aujourd'hui de connaître les antécédents d'un homme sans avoir besoin, pour cela, de réunir les conseils municipaux. Le casier judiciaire, c'est la pierre de touche qui donne aux magistrats la possibilité de se convaincre qu'un homme s'est amendé ou a persisté dans la mauvaise voie. Quand un condamné se présente pour obtenir sa réhabilitation et prouve que, depuis les cinq années qui ont suivi sa libération, il n'a pas démérité, n'est-il pas évident que cet homme s'est amendé et qu'il doit être réhabilité dans ses droits de citoyen?

Il suffirait donc de supprimer dans l'article 624 la participation des conseils municipaux et de s'en rapporter à une enquête faite minutieusement par le parquet. La publicité disparaîtrait ainsi et la demande en réhabilitation resterait confiée aux magistrats.

La société n'a rien à perdre à ce nouvel état de choses : elle y gagnera de voir rentrer parmi ses membres des hommes dignes de son pardon et qu'une fausse honte bien naturelle condamnait seule au silence.

Ce serait, en outre (et c'est là le point qui intéresse principalement la Société générale des prisons), une puissante émulation pour les condamnés repentants, qui verraient dans la réhabilitation un port de salut fermé pour eux jusqu'à ce jour[1].

1. Journal *la Loi*, n° du 9 mars 1881.

XIII.

DE LA RÉHABILITATION

EN MATIÈRE CRIMINELLE OU CORRECTIONNELLE

(*2e Article*).

Il y a, dans la loi de 1852 sur la réhabilitation, un second point à examiner : nous l'avons négligé dans notre premier article pour ne pas discuter à la fois deux questions importantes.

Admettons que l'article 624 soit modifié dans le sens indiqué, c'est-à-dire que les conseils municipaux ne délibèrent plus sur les demandes en réhabilitation, il reste à rechercher si cette modification seule doit être introduite dans la loi de 1852.

Suivant nous l'attention des législateurs doit

se porter vers un autre principe maintenu par notre Code actuel, principe également discutable mais plus délicat à examiner. Il s'agit du droit laissé au chef de l'État de statuer dans les demandes en réhabilitation.

Il ne faut pas oublier, en effet, que le rôle des cours se borne à émettre un avis favorable ou défavorable, mais que c'est le Président de la République seul qui doit statuer, sur le rapport du ministre de la justice, si l'avis des Cours est favorable (art. 631).

Les Cours ont bien le droit d'empêcher une réhabilitation en émettant un avis défavorable, mais, dans le sens contraire, elles deviennent impuissantes et elles ne peuvent pas obliger le chef de l'État à statuer conformément à leur décision : c'est le régime du *bon plaisir*.

En droit, nous trouvons là une confusion regrettable : la réhabilitation n'est plus qu'un mode de grâce, et, par suite, le pouvoir du chef de l'État s'étend en dehors des limites prévues par la loi.

Qu'est-ce que la grâce? « C'est la remise totale ou partielle de la peine prononcée : acte de pure clémence, elle n'est soumise à aucune règle, elle émane directement et spontanément du Prince; elle ne précède jamais un jugement et ne peut intervenir que sur une condamnation définitive et irrévocable... Elle remet la peine, mais elle n'efface pas le délit ni l'infamie qui s'y rattache... La réhabilitation est la restitution au condamné, pour l'avenir, des droits dont la condamnation l'avait privé. La grâce agit sur la peine, la réhabilitation sur les incapacités... » (Lair, *De la réhabilitation.*)

Donner au chef de l'État le droit de statuer, c'est donc lui reconnaître le pouvoir d'effacer les incapacités, c'est la confusion des pouvoirs.

Les législateurs de 1791 étaient tombés dans l'excès contraire : non seulement le droit de grâce était enlevé au roi, mais, en matière de réhabilitation, la justice n'intervenait que pour enregistrer la décision de la municipalité, dans cette cérémonie du baptême civique à laquelle nous avons fait allusion dans l'article précédent.

En 1848, on alla même jusqu'à supprimer l'intervention des Cours de justice, « le décret du 18 avril ayant concentré les attributions des trois pouvoirs aux mains du ministre de la justice qui statuait sur le simple avis du procureur général. » (Lair.)

Le but était dépassé, et la loi de 1852, reprenant en partie les principes de 1808, rendit aux Cours le droit d'examiner la demande conformément à l'article 628.

De toutes ces modifications successives dans la législation, il résulte que la question est embarrassante et qu'il y a lieu, si la loi doit être remaniée, d'examiner à nouveau quelle voie sera suivie pour arriver à une solution pratique.

Peut-être trouverait-on dans un système proposé par Cambacérès, un moyen de concilier les exigences de la justice avec la forme solennelle que doit comporter un acte aussi important que la réhabilitation.

Voici l'opinion de M. Lair dans sa thèse de doctorat justement remarquée et citée par M. Faustin-Hélie :

« ... Il faut regretter que la réhabilitation soit abandonnée à la décision du chef de l'État; non qu'il n'y ait, nous le reconnaissons, quelque chose d'imposant dans ce concours unanime des trois pouvoirs de l'État nécessaire à la réintégration du condamné. Mais les formes actuelles ont le tort de conserver à la réhabilitation un caractère demi-gracieux qui en dérobe le vrai principe, et, quand au fond, elle est une justice de lui laisser les dehors d'une grâce. Ne vaudrait-il pas mieux, pour le condamné lui-même, tenir sa réhabilitation de la simple, mais grave autorité des tribunaux? Cette forme, en faisant de la réhabilitation un véritable recours de droit, ne la relèverait-elle pas dans l'opinion plus que le concours de tous les pouvoirs? Il ne s'agit plus, en effet, d'une mesure d'exception, mais d'un état nouveau à constater, d'un droit à reconnaître et à consacrer, et, dès lors, pourquoi une décision extra judiciaire, pourquoi ne pas s'en remettre à l'autorité actuellement compétente, à celle qui statue sur toutes les incapacités, aux tribunaux? Ne pourrait-on pas admettre le système proposé par Cambacérès, « un arrêt de justice rendu exécutoire en vertu de lettres du prince? »

Cette formule exécutoire est-elle même nécessaire? Ce sera un point à examiner lors de la discussion, mais, pour nous, la question est secondaire s'il est admis que la réhabilitation sera prononcée par l'autorité judiciaire.

Nous rappellerons, en terminant, que si la Société générale des prisons, dans la délibération préparatoire qui a été prise par sa section de législation pénitentiaire, s'est montrée favorable à la modification de l'article 624, elle n'a pas admis notre proposition au sujet de l'article 631, mais rien n'a encore été décidé en assemblée générale. Nous devions cependant faire cette observation pour dégager la responsabilité de cette Société et ne pas lui imputer une opinion qui nous était purement personnelle[1].

1. Dans la séance du 10 mai 1881, la Société générale des prisons a adopté les conclusions de sa section de législation pénitentiaire.

(Journal *La Loi*.)

[illegible]

[illegible] de la modification [illegible]

[illegible]

[illegible], mais [illegible]

assemblée générale, nous devons co[illegible]

XIV

LA MISE EN LIBERTÉ PROVISOIRE

(DÉCRET DU 30 SEPTEMBRE 1870)

En décembre 1879, paraissait dans la *France judiciaire* un article qui avait pour but de signaler une omission dans la loi du 14 juillet 1865. Les législateurs, en effet, justement préoccupés de faciliter les mises en liberté provisoire, avaient modifié l'article 116 du code d'instruction criminelle de telle sorte que, depuis l'ordonnance du juge d'instruction jusqu'à l'arrêt de renvoi de la chambre des mises en accusation devant la cour d'assises, l'accusé pourrait dorénavant demander sa liberté provisoire : il en était de même devant la chambre des appels correctionnels pour les délits, si appel avait été interjeté sur le fond.

Mais, par suite d'un oubli regrettable, on laissa de côté l'examen d'une question qui avait une grande importance.

Que devient l'accusé, mis en liberté provisoire, si l'affaire est remise à une autre session? L'article 126 exige que l'accusé soit mis en état d'arrestation en vertu de l'ordonnance de prise de corps contenue dans l'arrêt de la chambre des mises en accusation, nonobstant la mise en liberté provisoire : par suite, lorsque celui-ci comparaît devant la Cour d'assises, il a perdu le bénéfice de la liberté provisoire, et, si l'affaire est remise à une autre session, quel est le magistrat qui pourra donner l'ordre d'une nouvelle mise en liberté provisoire?

Ce n'est plus la chambre des mises en accusation puisqu'elle est dessaisie ; c'est encore moins le juge d'instruction qui ne connaît plus de l'affaire depuis qu'il a rendu son ordonnance. Est-ce la Cour d'assises ou la Cour de cassation? Ni l'une ni l'autre, répond M. Faustin-Hélie, dans sa *Pratique judiciaire des cours et tribunaux,* « la première : parce que la liberté provisoire expire au moment où elle est saisie (Cass. 13 juillet 1872) ; l'autre, parce qu'il n'est pas dans ses attributions d'examiner le fond des affaires (Cass. 3 avril 1873). » L'accusé ne peut donc plus sortir de prison avant le verdict du jury.

Nous avions signalé cette anomalie en 1879, sur les plaintes d'un honorable avoué de Melun qui avait eu un client dans cette situation fâcheuse. Nous espérions qu'il suffirait d'indiquer l'omission pour qu'elle fût réparée. Il nous a fallu revenir sur cette espérance présomptueuse, car, depuis cette époque, la loi n'a pas été changée et de nouveaux faits tout aussi regrettables se reproduisent de temps en temps, malgré les avis répétés de plusieurs Cours d'assises qui n'ont pas craint de se mettre en désaccord avec la Cour de cassation.

A la dernière session de Seine-et-Marne, le

26 avril 1881, la question a été soulevée de nouveau par Me Carette, mais la Cour, malgré ses dispositions favorables, n'a pas voulu suivre l'exemple des autres Cours d'assises et elle s'est inclinée devant les arrêts de la Cour de cassation. L'accusé n'a donc pas obtenu sa mise en liberté provisoire et il fera trois nouveaux mois de prison préventive en attendant la session de juillet.

Cette situation devient intolérable ; ce désaccord entre la Cour de cassation et les Cours d'appel doit cesser. Ce n'est pas un désaccord accidentel : consultez la jurisprudence et vous trouverez des arrêts en grand nombre : c'est la Cour d'assises de Saône-et-Loire en 1867, celle d'Aveyron en 1871, de Saint-Denis, de la Somme, de la Haute-Vienne en 1872 et d'autres plus récemment encore, qui ordonnent des mises en liberté provisoire, tandis que la Cour de cassation ne modifie pas sa jurisprudence.

De quel côté sont les torts ?

Nous serions bien hardi de nous prononcer

dans une question aussi grave, si nous n'avions pas derrière nous des autorités comme celle de M. Faustin-Hélie; mais il est évident qu'après avoir consulté les textes des articles 116 et 126, on est obligé de se ranger du côté de la Cour de cassation et de donner tort aux Cours d'appel.

Si, en effet, l'article 116 permet la mise en liberté provisoire *en tout état de cause,* il faut faire attention que l'article 126 apporte une restriction qui est catégorique lorsqu'il vient dire que l'inculpé renvoyé devant la Cour d'assises, sera mis en état d'arrestation, en vertu de l'ordonnance de prise de corps contenue dans l'arrêt de la chambre des mises en accusation, *nonobstant la mise en liberté provisoire.* On ne peut donc pas soutenir que la phrase *en tout état de cause* s'applique à la situation de l'accusé renvoyé à une autre session. Du reste aucun texte de loi ne donne à la Cour d'assises non plus qu'à la Cour de cassation le pouvoir d'ordonner cette mise en liberté postérieurement à l'ordonnance de prise de corps.

Bien plus, si ce pouvoir a été mis provisoirement entre les mains du président des assises par le décret du 30 septembre 1870, ce décret a disparu de nos lois.

A cette époque, au moment où il fallait lutter contre l'invasion, la justice était désorganisée partout; les accusés, au lieu de se trouver peu nombreux, encombraient les prisons, et le mal sautait aux yeux. Aujourd'hui, au contraire, les exemples sont rares, de sorte que la situation semble moins pressante.

Le nombre ne fait rien à la chose, et s'il est constant que les intérêts d'un seul citoyen sont lésés par la loi actuelle, la loi doit être modifiée.

Cette modification est d'autant plus facile à obtenir qu'elle n'entraîne aucune complication : il suffit d'ajouter à l'article 126 ces quelques mots : ..... *sauf au président* (ou à la Cour d'assises) *à ordonner la mise en liberté provisoire, en cas de renvoi à une autre session, s'il y a lieu.*

Ces réformes dans nos lois criminelles ont leur importance : sous le gouvernement actuel plus que sous tout autre, la liberté de chacun doit être protégée avec une grande sollicitude, et il ne faut pas que nos assemblées se laissent entraîner à négliger ces questions qui leur paraissent accessoires : de nombreux projets préparés ainsi par des sociétés spéciales demandent des solutions urgentes, et nos mandataires manqueraient à leur devoir s'ils ne se hâtaient de voter des lois faites dans l'intérêt de tous.

La Loi, 5 mai 1881.

XV

LA PEINE DE LA RÉCLUSION

ET LES MAISONS CENTRALES

Je ne veux pas laisser paraître ce livre sans dire un mot des maisons centrales.

Ces maisons sont la plaie de notre société, plaie hideuse que j'ai pu considérer de près, grâce à l'obligeance d'un camarade d'études, dont le père était directeur de la maison de Melun.

C'était en 1862 : Je fus frappé des inconvénients du régime pénitentiaire.

On ne peut pas se faire une idée de la vie à laquelle sont condamnés les prisonniers dans une maison centrale. Les inspecteurs généraux ne s'en rendent compte que d'une manière imparfaite, parce qu'il leur est impossible, dans leurs visites, d'entrer dans des détails qu'il serait, du reste, très difficile aux directeurs eux-mêmes de donner. (J'ajouterai que, mieux renseignés, ils ne pourraient rien faire avec les règlements actuels.)

Au moment des inspections, la tenue des détenus prend un aspect provisoire qui n'est pas l'état normal de tous les jours; ils sont sous le coup de la crainte ou espèrent voir adoucir leur condamnation; ils se surveillent et dissimulent.

L'inspection une fois terminée, la vie réelle reprend son cours, et quelle est cette existence !...

Mais, avant d'aller plus loin, il sera bien entendu que je laisserai absolument de côté toutes les questions de personnalités. « Le nombreux personnel de l'administration des prisons remplit bien son devoir au point de vue du maintien dans les prisons de l'ordre et de la décence extérieure. Mais peut-on demander à ces nombreux agents d'exercer sur les détenus une surveillance active, incessante, moralisatrice, qui serait nécessaire pour combattre l'influence corruptrice des détenus les uns sur les autres? Ce serait une chimère que de l'espérer. (M. D'Haussonville, Enquête de 1872.) »

Il n'y aura donc ici ni attaque contre les inspecteurs généraux, ni blâme pour les directeurs et les gardiens : chacun, pour sa part, met tout son zèle à remplir des fonctions souvent bien pénibles et à peine rétribuées, principalement dans les rangs inférieurs. La critique ne portera pas sur ce point : c'est le principe lui-même que je veux combattre, non seulement dans son application, mais encore dans son institution : en un mot, c'est à la fois l'existence des maisons centrales et la peine de la réclusion qui seront discutées.

Voyons d'abord la loi : nous examinerons ensuite ses effets.

« Tout individu de l'un ou l'autre sexe, condamné à la peine de la réclusion, sera renfermé dans une maison de force (vulgairement maison centrale) et employé à des travaux dont le produit pourra être en partie appliqué à son profit, ainsi qu'il sera réglé par le Gouvernement. La durée de cette peine sera au moins de cinq années et dix ans au plus (art. 21 du code pénal). La condamnation à la peine des travaux forcés à temps, de la détention, de *la réclusion,* emportera la dégradation civique... (art. 28 du même code). Quiconque aura été condamné à la peine des travaux forcés, de la détention ou de la réclusion, sera de plus, pendant la durée de sa peine, en état d'interdiction légale... (art. 29 du code pénal). » Enfin, la peine de la réclusion est une peine afflictive et infamante (art. 7) et peut entraîner le renvoi sous la surveillance de la haute police pendant vingt ans au maximum.

Passons sur la dégradation civique, l'interdiction légale et la surveillance : là n'est pas le point faible de la loi. Il est juste, en effet, que le crime entraîne avec lui ces incapacités.

Mais ce qu'il est plus difficile d'admettre, c'est l'application de la peine de la réclusion avec les règlements actuellement en vigueur dans les maisons centrales.

Ce régime est déplorable à deux points de vue : le premier, c'est qu'il est injuste, le second, c'est qu'il n'est pas moral.

Il est injuste parce que la peine de la réclusion, comme nous le prouverons tout à l'heure, est un châtiment plus sévère que les travaux forcés, bien que ce soit une peine inférieure; il n'est pas moral, parce que les maisons centrales sont des foyers de corruption et la source de la récidive.

Je m'explique.

La réclusion est une peine plus sévère que les travaux forcés : il suffit de réfléchir un instant pour s'en convaincre.

Voici le réclusionnaire; c'est un homme, le plus souvent dans la force de l'âge : il est sous l'empire des passions que la nature lui impose. Pour calmer ces révoltes bestiales, si je puis employer cette expression, il faudrait l'occuper à un travail suffisamment pénible pour lui donner la fatigue et le sommeil... Pendant cinq ans au minimum, le réclusionnaire passera ses journées dans un atelier où le travail ne demande aucune énergie ; c'est la fabrication des chaussons de lisière, de paniers en osier, de bouts de parapluie, que sais-je, tout métier qui n'exige pas l'emploi de la force ; voilà pour les occupations matérielles. Quant aux distractions de l'esprit, le choix est aussi heureux : la seule récréation, c'est la promenade.

Ce mot de promenade me paraît odieux, employé ici.

J'ai déjà parlé de ce genre de récréation dans une de mes premières études : j'y reviens parce qu'on ne saurait trop donner de publicité à un traitement aussi lamentable.

Traversez ces nombreux corridors blanchis à la chaux et qui suent l'humidité. Au loin, vous entendez un bruit confus, et le gardien vous dira que c'est l'heure de la promenade.

Une porte massive roule sur ses gonds : vous êtes dans une cour de récréation.

Elle est pavée, entourée de murailles du haut desquelles veillent les sentinelles, l'arme chargée.

Regardez autour de vous et vous pourrez apprécier quelles sont les distractions d'un détenu.

Ils sont là, trois ou quatre cents ; ils suivent une même ligne de pavés comme des automates et marchent militairement. Le bruit que vous entendiez en arrivant, c'est le choc de leurs sabots sur la pierre : le silence est de rigueur.

C'est ainsi que, pendant cinq ans, les jours se succèderont avec la même monotonie.

Tel est le régime réglementaire : passons à l'examen moral sans quitter cette cour.

Quelquefois, pendant la promenade, il y a tout à coup un moment de tumulte : cette masse d'hommes se presse en foule comme un troupeau effrayé et l'on entend quelques cris d'effroi : à grand'peine les gardiens rétablissent l'ordre.

Que s'est-il donc passé?

Ma plume se refuse à donner une explication, mais, pour celui qui voudra comprendre, il lui suffira de lire ce passage du rapport de M. d'Haussonville : « Il est à remarquer que les détenus acceptent sans trop de peine la surveillance des prévôts (détenus gradés)... Leur surveillance n'en est pas moins très inefficace, et l'on peut penser de quelles honteuses débauches deviennent le théâtre ces vastes salles où sont agglomérés des hommes dans toute la force de l'âge et des passions, dont beaucoup sont familiarisés de longue date avec les vices les plus honteux. On peut penser à quels effroyables spectacles assistent malgré eux ceux qui n'ont pas perdu tout sentiment de retenue, *heureux quand les refus qu'ils opposent* n'attirent pas sur eux les menaces et les mauvais traitements ».

Vous avez bien lu et vous ne frémissez pas

en pensant que c'est en France que tout cela se passe?

La colère vous emporte et vous vous écriez : « Comment tolère-t-on de pareils scandales! » — Et le directeur vour répondra : « Que peuvent faire soixante ou quatre-vingts gardiens contre cette armée de douze à quinze cents hommes? » (C'est le chiffre ordinaire des prisonniers à Melun.)

Tout ce que l'on peut exiger du dévouement des gardiens, c'est qu'ils maintiennent une discipline générale, mais, dans les détails, c'est leur demander l'impossible que de vouloir une surveillance spéciale sur chaque détenu.

Aussi le scandale est-il continuel!

C'est en vain que le directeur, du haut de son prétoire, frappe les coupables de peines sévères : les cachots ne suffiraient pas s'il fallait condamner tous les prévenus.

Alors on ferme les yeux, et les plus mutins sont seuls punis pour l'exemple.

Ne croyez pas que ces tableaux soient faits à plaisir et qu'ils tombent dans l'exagération!

Tout le monde peut lire ces récits de Cours d'assises, dans lesquels vous voyez un détenu frapper un gardien parce qu'il est las de la vie de *Centrale* et qu'il veut aller à la *Nouvelle*[1]; ou bien c'est une rivalité honteuse qui arme le bras du prisonnier; il frappe pour se débarrasser d'un rival.

Voulez-vous un fait? En voici un récent : en 1876, l'échafaud se dressait devant la maison centrale de Melun; les portes une fois ouvertes, les détenus, du fond des cours, assistèrent à l'exécution de l'un d'eux qui avait assassiné son camarade : au pied de l'échafaud, en face du condamné, il y avait à genoux, pâle et défaillant, un jeune prisonnier aux traits efféminés : c'était la cause du crime!

Je m'arrête : on est envahi par le dégoût.

1. Par une loi récente tout individu, condamné dans ces circonstances, devra subir sa peine dans une maison centrale : je doute que la mesure soit efficace.

Mais je crois que la preuve est faite et qu'on peut dire bien haut que la peine de la réclusion est aussi injuste qu'immorale.

Comparez le sort du forçat à celui du réclusionnaire, et il faudra bien reconnaître que la « *Nouvelle* » est un objectif continuel pour le détenu.

Là-bas, on travaille en plein air ; les fatigues du jour conduisent facilement au sommeil ; et puis, si la conduite est bonne, on devient possesseur et ensuite propriétaire d'un peu de terre : libéré, on jouit d'une partie de ses droits civils, tandis qu'en France, c'est la surveillance de la haute police qui vous attend à la sortie de prison, à moins que les juges n'aient eu pitié de vous !

Et il ne faut pas oublier que cette loi qui rend la surveillance facultative date d'hier ! Auparavant c'était la surveillance à vie, la misère et le désespoir pour l'existence entière.

Nous pouvons donc dire, à bon droit, que la peine de la réclusion doit être modifiée dans ses effets et que les maisons centrales sont condamnées, au moins en ce qui touche le régime actuel.

Mais comment remplacer cette peine et ce mode d'emprisonnement?

Car il faut que les criminels soient punis, et, si l'on supprime la réclusion, nous brisons plusieurs barreaux de l'échelle des peines.

D'accord; aussi ne faut-il pas supprimer cette peine, mais la modifier en la moralisant.

Est-ce impossible?

Je ne ferai pas une excursion dans les lois étrangères pour ne pas prolonger cet article outre mesure; il me suffira de dire que les peuples qui nous entourent ont compris les inconvénients de la réclusion et qu'ils ont remplacé cette peine par un nouveau mode d'emprisonnement qui varie suivant les pays : les uns ont substitué à la prison commune la prison cellulaire soit de jour et de nuit, soit seulement de nuit; les autres ont allié les deux systèmes. Ce qu'il y a de certain c'est que la modification est possible puisqu'elle a été faite chez nos voisins; là se borne toute mon argumentation[1].

Une fois le principe admis en théorie, l'application au point de vue pratique n'est plus qu'une affaire de recherches et de temps.

Le point dominant dans cette critique, c'est la question morale.

Avec les lois de transportation pour les forçats, on a déjà obtenu une certaine sécurité de ce côté-là; il faut arriver au même résultat avec les réclusionnaires.

A eux seuls ils suffiraient actuellement pour former la plus grosse part dans la récidive, et c'est la récidive que nous devons combattre sans merci.

Si donc on détruisait ces foyers de corruption qui s'appellent les maisons centrales, si on moralisait ces malheureux que la société jette

1. Le système des quartiers d'*amendement* tel qu'il est organisé dans nos maisons centrales pourrait donner de bons résultats, mais il est encore à l'état naissant.

en pâture aux plus honteuses débauches, on ferait un grand pas, j'en ai la conviction.

La récidive perdrait ainsi ses plus fervents adeptes, et nous verrions disparaître ce chiffre effrayant de 50 pour 100 qui ne peut qu'augmenter si nous restons dans l'inertie.

Le jour où le réclusionnaire aura la facilité de rentrer dans la bonne voie, ce jour-là, mais ce jour-là seulement, la société aura, elle aussi, le droit de le frapper sans pitié s'il persiste dans la révolte; et les récidivistes diminueront en nombre, les uns, parce qu'ils se seront amendés, les autres parce qu'ils auront été exilés à tout jamais de la mère-patrie.

En 1870, j'ai eu l'occasion de revoir l'intérieur de la maison centrale de Melun : à l'approche de l'ennemi, les prisonniers tentèrent une révolte, et la garde nationale fut appelée pour rétablir l'ordre.

On ouvrit les dortoirs où le directeur était parvenu à enfermer les révoltés : rien n'était changé depuis dix ans, c'était bien toujours ces hommes au teint blême, au regard abruti. Si l'un d'eux, plus hardi, osait élever la voix, deux gardiens, pénétrant dans la salle sous la protection des baïonnettes, l'arrachaient du milieu de ses camarades et jamais un seul ne fit un pas pour défendre ces rares meneurs.

Il n'y a plus rien dans ces hommes dépravés; et aussi que voulez-vous qu'ils deviennent le jour de leur libération?

Ils retournent à leurs orgies, et, comme il faut de l'argent, ils volent quand il n'assassinent pas.

Dans cet aperçu sur le régime des maisons centrales, il n'a pas été parlé des condamnés à plus de treize mois de prison qui se trouvent mêlés aux réclusionnaires : des plaintes nombreuses ont déjà été faites à ce sujet, et, à l'heure qu'il est, on s'efforce de réparer cette injustice en séparant cette classe de condamnés de la classe des réclusionnaires.

Je laisse de côté ce détail malgré son importance. La modification de la peine de la réclusion et le remaniement du régime des maisons centrales sont deux objets suffisamment importants pour ne pas compliquer le travail.

Il est grand temps d'agir, et, si nos législateurs actuels ont fait quelque chose pour la moralisation des prisons, il ne faut pas que leurs successeurs croient l'œuvre terminée : c'est à peine si elle est ébauchée.

Qu'ils ne reculent pas devant cette lourde tâche : il ne s'agit plus ici uniquement de philanthropie plus ou moins opportune, c'est la sécurité publique qui est en jeu !

DERNIÈRES CONCLUSIONS

De toutes ces études, de tous ces articles traitant des sujets si différents, mais visant le même but, que doit-il ressortir pour le lecteur qui a eu la patience de les parcourir jusqu'au bout?

La société actuelle est malade, blessée dans ses œuvres vives par un mal qui la mine sourdement : la guérison est encore possible, mais à la condition d'agir sans retard.

Le mal, c'est la récidive; le remède, c'est la moralisation.

Il faut ramener dans la bonne voie l'homme que les passions ont égaré dans un moment de défaillance; le pardon, une première fois, sera quelquefois le salut pour une conscience encore susceptible de bons sentiments; l'expiation sagement dirigée est encore la convalescence assurée pour un esprit souffrant.

Voilà le remède pour la faute commise, pour le passé.

Mais ce n'est pas tout : il faut penser au présent et à l'avenir.

Pour le présent, la moralisation doit être répandue à profusion dans les écoles destinées à recueillir les jeunes gens qui ont mal débuté dans la vie parce que leur enfance s'est passée en dehors de toute surveillance ; — pour l'avenir, l'enfant, dès sa naissance, ne sera plus le jouet du hasard, et, si la mauvaise fortune lui a donné des parents indignes de ce nom, la société sera dorénavant pour lui une seconde mère [1].

1. M. et Mme Quevreux, en mémoire de M. Charles Crozatier, statuaire, viennent de mettre à la disposition de la Société de protection pour l'enfance abandonnée ou coupable, présidée par M. Bonjean, la somme de *deux cent mille francs* pour l'école rurale de Villepreux, école qui recevra principalement les orphelins des ouvriers bronziers de Paris.

Noble exemple à suivre !

(5 septembre 1881.)

Telle est la voie que nous devons suivre, si nous voulons guérir le mal ; tel est le programme qu'il faut exécuter avec énergie pour éviter une perte certaine.

Lorsque la société aura ainsi rempli complètement son devoir vis-à-vis de ses enfants maltraités par le sort, c'est alors seulement qu'elle aura le droit de se montrer sévère vis-à-vis de ceux qui auront méconnu son autorité; c'est alors seulement qu'elle pourra frapper sans pitié le criminel endurci et l'exiler à tout jamais de la mère-patrie.

Mais, pour que l'application du châtiment reste à l'abri de toute critique, il est nécessaire que toutes les voies de moralisation aient été épuisées, depuis le pardon et le régime réparateur de la cellule jusqu'à la réhabilitation.

Le grand combat de la vie demande une armée disciplinée et nombreuse; sachons ménager nos réserves et gardons-nous bien d'abandonner nos blessés !

Que faut-il enfin pour entretenir cette armée et l'aguerrir? De l'argent tout d'abord puisque c'est le *nerf de la guerre*, mais aussi de la propagande.

O vous, qui croyez à l'utilité de toutes ces réformes, ne perdez pas une occasion de les répandre dans le monde! Prêchez dans les salons aussi bien que dans les assemblées publiques; luttez surtout contre la routine, cette ennemie implacable du progrès!

Ainsi vous ferez la bonne guerre, et vous serez récompensés de votre zèle par des succès rapides qui dépasseront toutes vos espérances.

TABLE

Fontainebleau. — M. E. BOURGES, imp. breveté.

Fontainebleau. — E. Bourges, imp. breveté.

www.ingramcontent.com/pod-product-compliance
Ingram Content Group UK Ltd.
Pitfield, Milton Keynes, MK11 3LW, UK
UKHW020134220726
13923UKWH00001B/165